**Avvertenza: l'utilizzo di ricette destinate ad essere realizzate con Bimby®
TM5, attraverso un Bimby® TM31, non è consentito in assenza di
specifiche indicazioni di compatibilità.**
La capienza del boccale di Bimby® TM5 è stata aumentata, rispetto a quella di
Bimby® TM31, come di seguito descritto: il boccale di Bimby® TM5 può
contenere 2,2 litri contro i 2 litri di Bimby® TM31, mentre il Varoma di Bimby®
TM5 ha una capienza fino a 3,3 litri, contro i 3 litri di Bimby® TM31.
La preparazione, con Bimby® TM31, di ricette dimensionate per Bimby® TM5,
potrebbe, dunque, provocare la fuoriuscita di liquido bollente e, di
conseguenza, causare danni alle persone, rispetto ai quali si declina ogni
responsabilità.

Dolce effetto

Dessert per stupire

Editoriale

UN DOLCE EFFETTO

Vi è mai capitato di condividere sui Social network la fotografia di un dessert che vi ha conquistato per la sua particolarità e bellezza estetica, oltre che per la sua bontà? Negli ultimi anni, l'arte della pasticceria si è evoluta adattandosi alle nuove mode, dando vita a creazioni sempre innovative e spettacolari tutte da fotografare e condividere con gli amici!

Con Bimby® potrai essere proprio tu il protagonista di queste opere e stupire ospiti e famigliari con creazioni sorprendenti. Grazie a questo Libro, potrai realizzare con facilità i dessert più famosi della rete! Torte multistrato, pasticcini irresistibili e colorati e tante ricette classiche rivisitate e pensate per stupire.

In esclusiva, nell'edizione cartacea di questo Libro, troverai anche una ricca introduzione che ti supporterà con tanti utili consigli e indicazioni pratiche e che trasformerà le tue preparazioni in una delizia per il palato e per occhi, senza dimenticare l'importanza della qualità delle materie prime.

Sempre in esclusiva nella versione stampata del volume, tante ricette extra per realizzare glasse, coperture, creme e impasti plasmabili. Grazie alle indicazioni precise e alle foto passo passo, con Bimby® sarà sufficiente seguire le istruzioni per ottenere dessert effetto "Wow" e conquistare i tuoi amici.

Non è tutto! Sei abbonato a Cookidoo® Membership? Potrai presto visualizzare tutte le ricette di questo Libro in versione digitale e realizzarle con Bimby® in Modalità Guidata. Contatta la tua Incaricata per saperne di più!

Non resta che scattare una bella fotografia e condividerla sui tuoi Social preferiti con #cucinoconbimby... i "mi piace" sono assicurati!

Lucio Trocino
Direttore Commerciale Bimby®

Sommario

Il tuo Bimby®: tutto in uno!

Pratico, facile e divertente da usare: il tuo compagno di viaggio ideale!

VAROMA lo strumento ideale per una cottura a vapore sana e naturale.

COPERCHIO CON CHIUSURA AUTOMATICA innovativo meccanismo per la tua sicurezza.

BOCCALE in acciaio inox con una capacità di ben 2,2 l.

COOK-KEY® l'innovativa tecnologia che ti consentirà di collegare Bimby® alla Piattaforma Cookidoo® per visualizzare sul display le tue ricette preferite e realizzarle in modalità guidata.

DISPLAY DIGITALE TOUCHSCREEN semplice, intuitivo e al passo con i tempi.

Abbiamo reinventato la semplicità, ancora!

Cuoce, anche a vapore

Emulsiona e Monta

Frulla e Omogeneizza

Impasta

Grattugia e Polverizza

Manteca

Trita

Cucina guidata: ogni giorno un nuovo successo in cucina

Lascia che Bimby® ti guidi passo passo nella preparazione delle tue ricette.

COLLEGA LA COOK-KEY®
inserendola nell'apposito alloggiamento laterale: un semplice gesto e puoi iniziare a cucinare!

SCEGLI LA RICETTA che vuoi preparare dal menu che appare sul display.

SEGUI LA RICETTA PASSO PASSO: tempo, temperatura e velocità saranno preimpostate per ogni passaggio e tu non dovrai fare altro che aggiungere gli ingredienti e avviare Bimby® ruotando la manopola!

OGNI VOLTA CHE BIMBY® AVRÀ FINITO un passaggio, ti avviserà con un suono e potrai procedere al passaggio successivo fino a completare la tua ricetta!

Per scoprire di più su **Cook-Key®** e **Cookidoo®** contatta la Tua Incaricata alla Vendita.

GUIDA AI SIMBOLI

Tempo totale

Indica il tempo totale necessario per la preparazione del piatto. Il tempo totale include anche i tempi di cottura in forno, raffreddamento, riposo…

Tempo di preparazione

È il tempo vero e proprio in cui sarai impegnato attivamente nella preparazione della ricetta.

Porzioni

Riporta il numero e le quantità delle porzioni.

Difficoltà

Siamo sicuri che sarai in grado di eseguire tutte le ricette proposte senza nessun problema. Per alcune ricette dovrai semplicemente dedicare un po' più di tempo.

Valori nutritivi

Qui vengono riportati valori nutritivi medi. I valori nutritivi reali del piatto possono variare in base alla qualità degli ingredienti scelti.

Un dessert da mangiare anche con gli occhi

GUSTO ED ESTETICA NELL'ARTE DOLCIARIA: UN CONNUBIO INDISSOLUBILE

Molti dessert della tradizione culinaria italiana sono nati come preparazioni semplici per concludere il pasto con un dolce ricordo. E se questo ricordo, oltre che dolce, fosse anche bellissimo?

In pasticceria l'estetica va di pari passo con il gusto. Offrire ai nostri ospiti, e a noi stessi, un dolce bello da vedere, oltre che buono da mangiare, significa impegnarsi a condividere un momento, a celebrare un legame e a trasmettere un pizzico di felicità a chi la sa apprezzare.

L'attenzione ai dettagli è quindi il primo gesto di amore verso il prossimo e verso il proprio lavoro. Perché le opere ben fatte, create con passione e cura, non subiscono i segni del tempo. Di contro, ciò che è male elaborato è destinato a scomparire.

Ma guai a stupire per il semplice gusto di stupire. L'originalità fine a se stessa produce un effetto "wow" di breve durata. Stupire significa, invece, accompagnare chi assaggia lungo un percorso di seduzione che dagli occhi, passando per le narici, arriva fino al palato. Un sentiero che, una volta percorso, difficilmente potrà essere dimenticato. Se il gusto da solo non basta, d'altro canto l'estetica priva di una buona tecnica è del tutto insufficiente allo scopo. Non è dunque possibile pensare di fare pasticceria senza tenere bene a mente tre vertici di un triangolo, tutti altrettanto importanti e tutti egualmente concorrenti alla riuscita del dessert perfetto: la tecnica, la creatività e la sensibilità.

PASTICCERI SI DIVENTA ANCHE NELLA CUCINA DI CASA

Se creatività e sensibilità sono caratteristiche che ognuno di noi possiede, in maniera più o meno sviluppata, la tecnica va appresa. Solo così possiamo diventare veri e propri pasticceri nella nostra cucina. Prima ancora della tecnica, occorre partire dalla scelta delle migliori materie prime nonché dalla lavorazione consapevole e rispettosa della qualità degli ingredienti.

Dopodiché è necessario focalizzarsi su quegli utensili che possono essere di grande aiuto non solo nella preparazione del dessert, ma anche nella sua decorazione. Conoscerli vuol dire essere un passo avanti nell'utilizzare con successo le tecniche decorative e nel realizzare, di conseguenza, dessert che soddisfino il nostro gusto estetico.

Infine, non dobbiamo dimenticarci l'ultimo miglio, ossia l'importanza della conservazione affinché il nostro dessert arrivi intatto e si presenti nel migliore dei modi sulla nostra tavola.

E se volessimo condividere con un pubblico più ampio la bellezza della nostra creazione e tutto l'impegno che ci abbiamo messo? Quante volte vi sarà capitato di passare ore e ore in cucina alle prese con glasse colorate, decorazioni in pasta di zucchero o croccanti al caramello per poi veder sparire in men che non si dica la nostra creazione tra le fauci fameliche dei commensali? E quanto avreste voluto conservare un ricordo di quella fatica? A margine delle ricette contenute in questo volume troverete tanti consigli utili per rendere eterna la vostra ricetta. Come? Realizzando uno scatto ad hoc da condividere con il vostro pubblico di follower.

Le materie prime nell'arte pasticcera

La pasticceria è una scienza e come tale richiede grande attenzione nella scelta delle materie prime e grande precisione nel loro dosaggio, perché anche solo qualche grammo in più di un solo ingrediente potrebbe compromettere la riuscita del dolce.

Per realizzare dei dolci a regola d'arte è necessario partire da una scelta accurata delle materie prime. Di seguito un piccolo vademecum sulle materie prime indispensabili per realizzare un dolce di effetto e qualche semplice consiglio sul come sceglierle.

Come prima cosa, è fondamentale scegliere con molta cura gli ingredienti; quindi sarebbe preferibile acquistare materie prime fresche e di qualità, di derivazione biologica e, se fosse possibile, a km 0 dal contadino o ancora meglio autoprodotte.

È sempre buona regola tenere a disposizione in dispensa e in frigorifero alcuni ingredienti primari, quali farina, zucchero, uova, cacao e cioccolato, lievito per dolci, limoni, vaniglia, burro e latte, così da poter preparare un dolce speciale anche all'ultimo momento.

Quando si decide di preparare un dolce, dal più semplice al più complesso, è buona regola leggere tutta la ricetta con molta attenzione, a partire dalla lista degli ingredienti, per poi passare al dettaglio dei singoli passaggi della preparazione.

Verificare sempre di avere tutti gli ingredienti a disposizione (un buon trucco potrebbe essere stampare l'elenco degli ingredienti della ricetta, recarsi in dispensa e aprire il frigorifero e spuntare ogni volta che si trova l'ingrediente). Una volta controllato di avere tutto, preparare gli ingredienti sul piano di lavoro, così da averli a portata di mano durante l'esecuzione della ricetta ed evitare piccole distrazioni. Dove non specificato, utilizzare sempre gli ingredienti a temperatura ambiente.

Gli ingredienti principi della preparazione dolciaria sono 4: uova, zucchero, farina e un grasso (burro, panna, latte, olio ecc), ai quali poi aggiungere tutti gli altri ingredienti.

Le **uova** sono sicuramente l'ingrediente più versatile che esista in pasticceria. Possono essere utilizzate nella loro interezza oppure separate e svolgono una quantità diversa di funzioni, a seconda della ricetta. Servono a legare gli impasti, a rendere più corpose le creme, ad emulsionare grassi e acqua, ad incorporare

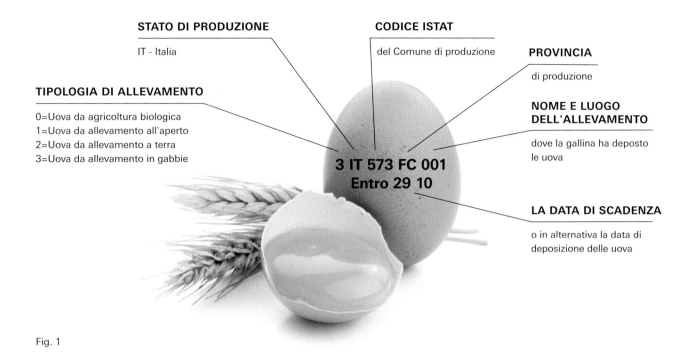

STATO DI PRODUZIONE

IT - Italia

CODICE ISTAT

del Comune di produzione

PROVINCIA

di produzione

TIPOLOGIA DI ALLEVAMENTO

0=Uova da agricoltura biologica
1=Uova da allevamento all'aperto
2=Uova da allevamento a terra
3=Uova da allevamento in gabbie

**NOME E LUOGO
DELL'ALLEVAMENTO**

dove la gallina ha deposto
le uova

3 IT 573 FC 001
Entro 29 10

LA DATA DI SCADENZA

o in alternativa la data di
deposizione delle uova

Fig. 1

aria per favorire la lievitazione o a dare friabilità e
colore alla preparazione. Quindi si potrebbe affermare
che la pasticceria, nella sua accezione più classica,
senza uova non potrebbe esistere.

Quando in pasticceria si parla di uova si intendono
quelle di gallina. Ricche di proteine, vitamine e
minerali, le uova sono un alimento estremamente
nutriente prezioso per la buona riuscita dei dolci.
Sugli scafali dei supermercati si trovano svariate
categorie di uova, quindi sarebbe utile capire che
tipologia acquistare.

Le uova, quando deposte, vengono controllate
meticolosamente e, una volta appurato che non
presentino diffetti, vengono imballate e messe in
commercio. Secondo la legislazione Europea, queste
uova vengono classificate come di categoria "A", cioè
uova fresche. All'interno di questa categoria, possono
essere identificate uova di diverse dimensioni, la cui
conoscenza è indispensabile per capire quali utilizzare
all'interno di una ricetta.

CLASSIFICAZIONE DELLE UOVA

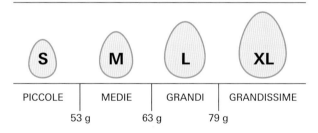

S	M	L	XL
PICCOLE	MEDIE	GRANDI	GRANDISSIME

53 g   63 g   79 g

Normalmente, in pasticceria, si utilizzano uova medie,
di peso pari a circa 60 g, categoria usata anche per le
ricette di questo Libro. È molto importante, per
qualsiasi tipologia di preparazione, sia dolce che
salata, utilizzare delle uova freschissime.

Per comprendere se un uovo è più o meno fresco,
innanzitutto è necessario saperne leggere la "carta di
identità", cioè una serie di numeri e cifre stampate sul
guscio dell'uovo che forniscono al consumatore
informazioni dettagliate sul come, dove e quando è
stato prodotto (Fig. 1).

Un ulteriore test, più casalingo, ma altrettanto efficace, utile per verificare la freschezza dell'uovo è il "Test dell'acqua" (Fig. 2). Se l'uovo galleggia, è un uovo vecchio. Affinché le uova si mantengano intatte e non subiscano eccessivi "traumi" è bene lasciarle all'interno della loro confezione di cartone o plastica e riporle in frigorifero sopra un ripiano, in modo tale anche da avere sempre sotto controllo la data di scadenza ed evitare di utilizzare uova poco fresche o addirittura scadute.

L'uovo si compone di 3 parti:
- il guscio, che occupa il 9%-11% del peso totale
- l'albume, che occupa il 60%-63% del peso totale
- il tuorlo, che occupa il 28%-29% del peso totale

In pasticceria, così come generalmente in cucina, l'uovo può essere utilizzato intero oppure, come molto spesso è indicato nelle ricette dei dolci, il tuorlo e l'albume si lavorano separatamente. In questo caso, un piccolo trucchetto è separare il tuorlo dall'albume quando l'uovo è ancora molto freddo.

Fig. 2

1-3 giorni	4-6 giorni	7-9 giorni
10-12 giorni	13-15 giorni	16-18 giorni
19-21 giorni	22-24 giorni	25-26 giorni

L'uovo può svolgere differenti funzioni a seconda che venga usato intero o nelle sue componenti separate. La funzione principale dell'uovo, specialmente se si aggiunge nell'impasto di prodotti da forno, è quella di fornire struttura, cioè durante la cottura le proteine dell'uovo coagulano e, unite a quelle presenti nella farina, formano un'impalcatura capace di reggere tutti gli altri ingredienti e rendere il dolce alto e soffice. Se invece viene utilizzato per realizzare ad esempio dei biscotti o della basi di frolla, l'uovo fa da legante di tutti gli altri ingredienti.

Le proteine dell'uovo, se scaldate in presenza di acqua alla giusta temperatura, gelificano formando una struttura semisolida in grado di fare da "collante" nelle preparazioni come bavaresi, panne cotte o altri dolci al cucchiaio.

Ancora, l'uovo se sbattuto per un tempo sufficientemente lungo, forma una schiuma che incorpora e intrappola aria, che per molte preparazioni, come nel pan di Spagna, è fondamentale per garantirne la lievitazione e la morbidezza. Infine, se spennellato sulla superficie di alcune preparazioni, l'uovo dona loro lucidità e se aggiunto a sorbetti evita la formazione di cristalli di ghiaccio e ne mantiene la cremosità (in questo caso però sarebbe consigliabile utilizzare delle uova e nello specifico degli albumi pastorizzati).

Nelle sue singole componenti, l'uovo può essere sfruttato nei più svariati modi. L'albume viene prevalentemente utilizzato da montato, poiché incorpora aria (raggiunge fino a 8 volte il suo volume) e aggiunto poco per volta agli altri ingredienti dona volume e leggerezza. Inoltre, le proteine dell'albume, coagulando con il calore, conferiscono struttura a molti prodotti sostenendo gli altri ingredienti come zucchero e amido.

Affinché gli albumi si montino correttamente, è neccessario seguire poche ma fondamentali regole:
1. tutti gli utensili utilizzati, boccale, farfalla, gruppo coltelli, boccale e misurino, devono essere perfettamente puliti e asciutti;
2. utilizzare gli albumi a temperatura ambiente, uno sbalzo termico con gli utensili potrebbe compromettere l'efficacia della montatura;
3. bisogna prestare la massima attenzione nella separazione dell'albume dal tuorlo, poiché l'albume non deve contenere traccia di tuorlo;
4. aggiungere un goccio di succo di limone agli albumi piuttosto che il sale, dona maggiore stabilità e lucentezza all'albume montato, mentre il sale, ad eccezione di un'iniziale stabilità, fa perdere quasi immediatamente corpo agli albumi montati poiché non consente di trattenere l'acqua.

Molto spesso, in cucina avanzano molti albumi. Se non si utilizzano subito, è possibile congelarli per utilizzi futuri (gli albumi congelati non perdono le loro proprietà nutritive e la loro capacità di montatura). È sufficiente suddividerli nei contenitori per fare i cubetti di ghiaccio, riporli in congelatore e una volta induriti sistemarli in sacchetti adatti al congelamento. All'occorrenza, scongelare preventivamente gli albumi e portarli a temperatura ambiente prima di utilizzarli.

Il tuorlo, invece, ha una struttura più complessa rispetto all'albume e, a differenza di questo, grazie alla capacità delle sue proteine di coagulare, dona alle preparazioni corpo e sapore. Le funzioni del tuorlo, soprattutto in pasticceria sono molteplici. Innanzitutto agisce da legante strutturale all'interno di un impasto poiché aiuta gli altri, come zuccheri e amidi, a sostenere la struttura globale. In alcune preparazioni, come il pan di Spagna, i tuorli, durante la fase di montatura, inglobano aria che fornisce alla preparazione un effetto lievitante, nonché colore e

sapore. Alzando la temperatura, le proteine del tuorlo iniziano a coagulare, imprigionando acqua. Questo processo è alla base della preparazione delle creme classiche come la crema pasticcera o la crema inglese. Infine, il tuorlo fa da emulsionante, soprattutto nelle preparazioni che contengono una base acquosa, come latte o panna, o dei grassi, come cacao o burro.
Come gli albumi, anche i tuorli si possono conservare, con alcune piccole differenze. Se freschi, i tuorli si conservano in frigorifero per 1-2 giorni all'interno di una ciotolina coperti di acqua. Prima di utilizzarli, scolare i tuorli e cuocerli sempre. È possibile anche congelare i tuorli rimasti, ma a differenza degli albumi, le basse temperature abbattono parzialmente alcune proteine rendendo il tuorlo più viscoso. Per ridurre questo fenomeno, è possibile sistemare i tuorli all'interno di un contenitore con chiusura ermetica e coprirlo con zucchero o sciroppo di glucosio, ma questo presuppone che, una volta scongelati, i tuorli dovranno essere utilizzati per realizzare preparazioni dolci.
Per chi fosse intollerante o non desideri utilizzare le uova nella propria preparazione, ci sono delle alternative valide (logicamente il risultato sarà leggermente differente).
Di seguito, un piccolo schema su come sostituire le uova:

1 cucchiaino di agar agar
+ 1 cucchiaino di acqua

3 cucchiaini di burro d'arachidi

40 g di polpa di mela

1 cucchiaino di farina di ceci
+ 3 cucchiaini di acqua

Mezza banana

Alla parola pasticceria equivale la parola dolcezza. Tale caratteristica è data dall'utilizzo nelle preparazioni di quella che è la materia prima: lo **zucchero**. La caratteristica principale di tutti gli zuccheri è quella di soddisfare l'istinto innato dell'uomo della ricerca del dolce. Quindi l'uso di dolcificanti in pasticceria fa sì che si realizzino dei prodotti in grado di appagare tutti i sensi.

Esistono due grandi famiglie di zuccheri: semplici e complessi.
Gli zuccheri semplici (o monosaccaridi), sono quelli più diffusi. Tra questi, quelli più importanti sono il glucosio e il fruttosio, dalla cui unione si ottiene lo zucchero più diffuso nelle tavole dei consumatori e nei laboratori di pasticceria: il saccarosio, più comunemente conosciuto come **zucchero bianco semolato**. Gli zuccheri complessi invece si ottengono dall'unione di un disaccaride ai quali vengono aggiunti dei monosaccaridi.
La funzione principale dello zucchero è appunto quella di dolcificare, ma anche quella di attenuare il

sapore amaro di un ingrediente, come il cacao o il caffè, o l'aspro del succo di limone o dello yogurt. Sul mercato esistono svariate tipologie di zucchero, che hanno un differente potere dolcificante. Prendendo come punto di riferimento il saccarosio puro e fatto 100 il suo potere dolcificante, gli zuccheri possono essere classificati nel modo seguente:

ZUCCHERO	DOLCEZZA
Lattosio	25-40
Maltosio	30-50
Glucosio	70-80
Saccarosio	100
Sciroppo di mais	120-160
Miele	130
Sciroppo d'agave o d'acero	140-160
Fruttosio	150-170
Stevia	300

Un derivato che ha un ampio uso in pasticceria, soprattutto per rifinire molte preparazioni, è lo **zucchero a velo**, che altro non è che zucchero semolato polverizzato. A differenza dello zucchero

semolato, lo zucchero a velo si scioglie più velocemente e rende l'impasto più fine.

Con Bimby® realizzare lo zucchero a velo è semplice, veloce e economico. Lo zucchero a velo, vista la sua capacità di assorbire, è molto versatile per creare diverse varianti aromatiche: alla vaniglia, al limone, alla cannella, ecc.

Molto utilizzato in cucina è anche lo **zucchero di canna**, che viene estratto dai fusti delle canne da zucchero. Lo zucchero di canna può essere commercializzato grezzo oppure raffinato. Al momento dell'acquisto preferire quello grezzo ed evitare i prodotti raffinati e colorati con melassa. La buona qualità si riconosce dal profumo, dall'aroma gradevole e dalla grandezza dei cristalli.

Un altro dolcificante che ha un utilizzo abbastanza diffuso in cucina è il **miele**. É il prodotto alimentare che le api producono dal nettare dei fiori o dalle secrezioni delle piante. Il colore, la densità e l'aroma dipendono da molti fattori: la varietà delle piante da cui le api raccolgono il nettare e la linfa, la zona nella quale vivono le api, la stagione di raccolta e le tecniche di produzione. Ha un potere dolcificante superiore a quello dello zucchero, quindi a parità di peso, dolcifica di più e di conseguenza, nelle ricette, occorre impiegarne di meno. È preferibile scegliere il miele che riporta in etichetta la dicitura "miele italiano". In assenza di indicazioni specifiche di provenienza, il miele deve intendersi prodotto nei Paesi della Comunità Europea.

L'utilizzo di uno zucchero piuttosto che di un altro, in pasticceria, non dipende da motivi salutistici o nutrizionali, ma avendo proprietà differenti può convenire utilizzarne una tipologia piuttosto che un'altra.

Ad esempio, lo zucchero grezzo di canna ha un retrogusto e un'aroma di liquirizia dovuto alla presenza di melassa e questo può dare un tocco particolare a dolci come la panna cotta o altri dolci al cucchiaio. Invece, l'utilizzo dello zucchero bianco o di quello bruno influiscono sulla friabilità di frolle e biscotti;

infatti, lo zucchero bianco rende queste preparazioni più friabili, mentre lo zucchero di canna, al contrario, le rende più morbide e un pochino più "gommose". Contenendo più fruttosio e glucosio, a causa della melassa, lo zucchero di canna assorbe più acqua, che se utilizzato nella preparazione di torte, le rende più umide e morbide, viceversa se utilizzato per realizzare una meringa potrebbe compromettere la riuscita della preparazione.

I dolci non sono tali senza lo zucchero. Ma questo ingrediente indispensabile può anche essere sostituito con altri dolcificanti, comunemente utilizzati in pasticceria:

	100 g di zucchero di canna
	80 g di fruttosio
100 g di ZUCCHERO	75 g di sciroppo di acero
	150 g di malto
	40 g di stevia

Un dolce non è tale se non contiene qualcosa che gli conferisca struttura. E questo qualcosa è la **farina**, regina della pasticceria senza la quale torte, biscotti, crostate ma anche creme non potrebbero stare in piedi. In pasticceria quando si parla di farina si fa prevalentemente riferimento alla farina di frumento preferibilmente di grano tenero, in particolare la farina bianca di tipo 00.

In linea generale, le farine di frumento si dividono in due grandi famiglie: le farine di grano duro e le farine di grano tenero.
Le farine di grano duro sono di colore leggermente giallognolo, più granulose al tatto e sono utilizzate soprattutto per le preparazioni salate come la pasta fresca e il pane.
Le farine di grano tenero sono di colore bianco, hanno una consistenza quasi polverosa e sono caratterizzate da un granello a frattura farinosa che, dopo la macinazione, restituisce farine dai granuli sottili e tondeggianti, rendendole più adatte alla panificazione e alla pasticceria. Le farine di grano tenero possono essere classificate secondo diversi criteri.

La legge italiana prevede che le farine di grano tenero siano classificate in base alle ceneri in esse contenute, secondo questo schema:
- tipo "00" con ceneri fino al 0,55%
- tipo "0" con ceneri fino al 0,65%
- tipo "1" con ceneri fino al 0,80 %
- tipo "2" con ceneri fino 0,95%
- integrale con ceneri min. 1,30% max 1,70%

Le farine di grano tenero possono essere classificate anche a seconda della percentuale proteica contenuta, quindi sulla loro capacità di formare il glutine. Secondo questo criterio si possono avere farine forti, più adatte per impasti lievitati perché con una percentuale proteica più elevata, medie e deboli. La forza della farina viene indicata con il valore "W". A tutt'oggi, non essendo obbligatoria per i prodotti per uso domestico, l'indicazione della forza non si vede spesso sulle confezioni che si trovano a scaffale nei supermercati, anche se molte aziende stanno iniziando a muoversi in questa direzione, indicando tale valore anche nei propri siti web. Comunque, qualora non venisse esplicitamente indicata, per comprendere la forza della farina si può controllare la percentuale proteica riportata nella tabella nutrizionale: in linea generale, maggiore è la quantità di proteine, maggiore è la forza della farina. Con riferimento a questo, nella pagina seguente verrà riportata una tabella di sintesi della forza della farina (Fig. 3).

Un'ulteriore classificazione viene effettuata in base al grado di raffinazione: le farine meno raffinate non subiscono il trattamento di setacciatura e sono complete sia del germe di grano che delle parti esterne; al contrario quelle più raffinate sono completamente prive di queste parti ricche di fibra, vitamine e minerali.

In commercio si trovano:
- **la farina di tipo 00** (proteine min. 9%): detta anche "fior di farina". È la più raffinata, costituita esclusivamente dalla parte interna del chicco. È ricchissima di amido, ha un buon contenuto di proteine ed una buona capacità di assorbimento dell'acqua, ma è povera di fibra e minerali. Presenta una facile digeribilità ed è ideale soprattutto per realizzare dolci soffici e leggeri, per impastare alcuni tipi di pane e pizze e per la pasta fresca;
- **la farina di tipo 0** (proteine min. 11%): detta anche "di prima scelta". È meno raffinata della precedente, dunque più nutriente, grazie ad un maggior contenuto di proteine e sali minerali. Adatta per biscotti, cialde, grissini e piccola pasticceria;

Fig. 3

FORZA (W)		TIPO	POTERE DI ASSORBIMENTO LIQUIDI*	UTILIZZO
DA	A			
90	170	DEBOLE	50%	Biscotti, cialde, wafer, dolci friabili, besciamelle, grissini, crackers, piccola pasticceria
180	260	MEDIA	55%-65%	Tartine, pasta sfoglia, pizza, fette biscottate, pasta fresca all'uovo, focacce
280	350	FORTE	65%-75%	Pane classico, pizza e pasticceria a lunga lievitazione (babà, brioches, ecc.)
OLTRE 350**		SPECIALE	90%	Pasticceria e panificazione oltre 15 ore (pandoro, panettone, colomba, croissant, brioches, ecc.)

* I valori si riferiscono a 100 g di prodotto
** Farine prodotte con grani speciali, soprattutto Americane e Canadesi (es. Manitoba), usate soprattutto "tagliate" e per pani di difficoltoso ottenimento, oppure come rinforzanti delle farine deboli

- **la farina di tipo 1** (proteine min. 12%): meno raffinata e più sostanziosa delle precedenti, è considerata una farina media per la sua capacità di formare glutine e trattenere acqua, quindi perfetta per la panificazione e la pasticceria di qualità;
- **la farina integrale** (proteine min. 12%): completa del germe e del tegumento del chicco è la più completa dal punto di vista nutrizionale, fornisce tanta fibra, sali minerali e vitamine. Deve provenire preferibilmente da colture biologiche per evitare la presenza di residui dei trattamenti antiparassitari ed è ideale per la preparazione di pani lievitati e non o per arricchire di fibre naturali un impasto. In pasticceria è più complicato utilizzare questo tipo di farina, poiché contiene molte proteine, ma non tutte producono il glutine, ottenendo così un risultato meno soddisfacente.

In pasticceria trovano utilizzo anche altre tipologie di farine e amidi che consentono di rendere l'impasto in alcuni casi più leggero e friabile.
• **FARINA DI RISO**: si distingue per un minor contenuto di glutine, non lievita e viene utilizzata in alternativa alla fecola di patate.
• **FARINA DI MAIS**: ottenuta dalla macinazione del granoturco, ha un sapore lievemente dolce, fornisce freschezza al preparato e, qualora sia a grana fine, anche delicatezza e coesione.
• **FECOLA DI PATATE**: è l'amido della patata, ha consistenza fine e setosa, consente di preparare dolci dal sapore delicato e dall'impasto friabile e leggero.
• **AMIDO DI MAIS (MAIZENA)**: è l'amido ottenuto dalla farina di granoturco e conferisce ai dolci leggerezza e sofficità.

L'ultimo ingrediente fondamentale per realizzare un dolce perfetto è l'**elemento grasso**, quindi latte, panna, burro o olio, i quali migliorano il sapore, conferiscono all'impasto maggiore morbidezza e friabilità e trattengono l'umidità durante la cottura.

Il **latte** è l'elemento primario da cui si parte per la realizzazione di molti derivati utilizzati in pasticceria. In cucina il latte più utilizzato è il latte vaccino, ma anche quello di pecora o di capra per la preparazione di alcune ricette è molto indicato. Nello specifico, per le preparazioni di pasticceria, si dovrebbe preferire la scelta di un latte fresco e intero.

La **panna**, o crema di latte, si ottiene dal latte mediante separazione per affioramento o per scrematura centrifuga. In commercio si trovano diverse tipologie di panna ed è bene sapere quale sia la migliore da utilizzare sulla base della preparazione. In pasticceria, la tipologia di panna che si usa nella maggior parte dei casi

è la panna fresca pastorizzata, che si trova nei banchi frigo dei supermercati. È una panna adatta per essere montata, grazie al contenuto di grassi che si aggira intorno al 35%-36%, ma può essere utilizzata da liquida, conferendo morbidezza e cremosità alla preparazione. Da montare si utilizza anche la panna UHT, che ha subito un processo di sterilizzazione a temperature superiori ai 100°C per qualche secondo. Per tale ragione questo tipo di panna può resistere per vari mesi senza essere refrigerata prima di essere aperto per l'utilizzo. Il suo contenuto di grassi è pari al 35%, ma il processo di sterilizzazione ad alte temperature diminuisce la capacità di montatura rispetto ad una panna fresca e influisce sul sapore della panna stessa.

Un altro tipo di panna che si trova sugli scafali dei supermercati è la panna da cucina UHT, il cui utilizzo è sconsigliato per la pasticceria, poiché non contiene la quantità minima di grassi necessaria per montare (circa 21-22% di grassi), viceversa questa tipologia di panna è ottima per condire primi piatti come tortellini e ravioli.

La panna vegetale, invece, non è una vera e propria panna poiché appunto di origine vegetale e non animale. Di natura non contiene i grassi sufficienti affinché possa essere montata o possa dare una reale consistenza alle preparazioni. In commercio si trovano però delle panne vegetali che possono essere montate; in questo caso, il prodotto contiene dei grassi idrogenati che consentono la montatura, ma si consiglia, per quanto possibile, di limitarne l'utilizzo.

La panna, quella fresca pastorizzata, per buona parte delle ricette viene utilizzata da montata.

Sono quattro le proprietà della panna montata che interessano chi si appresta a preparare un dolce:

1. Il tempo necessario alla montatura
2. La consistenza che si vuole ottenere sulla base della preparazione
3. Il volume di aria incorporato
4. La stabilità della panna montata rispetto alla perdita di liquidi.

Ci sono poi degli altri parametri che possono influenzare la montabilità della panna:

la temperatura: la panna si monta da fredda di frigorifero, possibilmente ad una temperatura compresa tra i 2° e i 6°C. Si consiglia di tenere la panna in frigorifero per almeno 2 ore prima di montarla. La panna non si congela, perché il freddo eccessivo potrebbe distruggere la membrana dei globuli di grasso;

i grassi contenuti: più elevata è la percentuale di grasso contenuta nella crema di latte, più la montantura è veloce e stabile. Si consiglia quindi una panna che abbia una percentuale maggiore al 30% di grassi;

il volume d'aria incorporato: dipende sempre dalla percentuale di grassi contenuti nella panna, ma sino ad un certo punto. Infatti, al di sopra di una percentuale pari al 33%, il volume di aria incorporato diminuisce drasticamente;

il trattamento termico: subendo una pastorizzazione a determinate temperature, anche se per pochi secondi, la panna pastorizzata o UHT, che è quella che si trova normalmente in commercio, ha tempistiche e un grado di montabilità inferiore ad una panna non pastorizzata, che non si trova in commercio. Quindi la panna fresca pastorizzata monta meno velocemente della panna fresca non pastorizzata, ma più velocemente di quella UHT, la quale ha comunque una stabilità inferiore.

Se la panna viene montata troppo a lungo, le molecole di grasso si separano dall'acqua dando vita ad un derivato che ha un larghissimo utilizzo in pasticceria, in modo particolare negli impasti base: il **burro**.
Il burro normalmente si presenta compattato in un panetto omogeneo, lucido e di colore bianco-giallognolo.
Il burro diventa spalmabile a partire da una temperatura di 15°C, inizia a fondere intorno ai 37°C e 40°C è completamente fuso. Per tale ragione, affinché il burro si mantenga compatto, ma allo stesso tempo morbido, si consiglia di conservarlo nella parte alta del frigorifero, poiché più "calda". Ma il suo utilizzo in pasticceria dipende dalla preparazione che ci si appresta a realizzare. Infatti, per alcune ricette, come la pasta frolla, è richiesto un utilizzo del burro abbastanza freddo, mentre per altre preparazioni, come le torte soffici, il burro è necessario utilizzarlo a temperatura ambiente.

Per alcune preparazioni, ma non per tutte (ad esempio la pasta sfoglia o i grandi lievitati), per renderle più "leggere", il burro può essere sostituito da ingredienti alternativi:

100 g di BURRO	
	100 g di ricotta
	80 g di olio
	125 g di yogurt bianco intero
	100 g di polpa di banana
	100 g di margarina

In pasticceria il latte e i suoi derivati, svolgono funzioni molto diverse in base alla quantità di grassi in essi contenuti. Inoltre caratterizzano il sapore della preparazione. Alcune ricette richiedono sia acqua che latte, altre invece panna e latte mescolati. L'obiettivo di questo mix è ottenere un "latte" con il livello di grassi che più si preferisce.

Il latte e i suoi derivati, in sostituzione di una parte di acqua, vengono utilizzati in pasticceria per svariati motivi. Innanzitutto ammorbidiscono gli impasti, sia internamente che sulla crosticina, poiché le proteine del latte trattengono le particelle d'acqua ritardandone l'evaporazione; veicolano il sapore dei cibi, poiché i grassi del latte sciolgono e rendono disponibili tutte le molecole gustose presenti nel cibo che non si sciolgono in acqua e che quindi non riescono ad essere percepite dalle nostre papille gustative; lubrificano, conferendo ai cibi in cui si sostituisce una parte di acqua con il latte o una miscela di latte e panna un sapore più rotondo e morbido. Altri sono i derivati del latte che vengono utilizzati in pasticceria, soprattutto per realizzare creme e ripieni, come il mascarpone, lo yogurt classico o quello greco, la ricotta, ecc.

In alcuni casi, per rendere un impasto più morbido e/o più elastico e risparmiare sulle calorie, soprattutto il burro e la panna, possono essere sostituiti da altri grassi di origine vegetale: gli **oli**.

In pasticceria, gli oli che maggiormente si utilizzano sono i seguenti:
- **Olio extravergine di oliva**: è il prodotto ottenuto esclusivamente dalla spremitura delle olive. Gli oli extravergini di oliva più adatti nella preparazione dei dolci per il loro sapore delicato e morbido sono, in linea di massima, quelli prodotti al Nord;
- **Olio di semi di arachide**: viene estratto dai semi di arachide, una leguminosa coltivata nelle zone tropicali. Presenta un colore giallo più o meno intenso, ha un gusto e un aroma delicati, ideali per la preparazione dei dolci;
- **Olio di semi di girasole**: viene estratto dai semi di girasole, presenta un'alta concentrazione di acidi grassi insaturi e di vitamina E.

La tabella di seguito, potrebbe essere molto utile per capire come olio e burro possono essere scambiati:

BURRO		OLIO
50 g	=	40 g
80 g	=	64 g
100 g	=	80
120 g	=	96 g
150 g	=	120 g
180 g	=	144 g
200 g	=	160 g
220 g	=	176 g
250 g	=	200 g

Tutto parte dall'unione di questi quattro ingredienti, ai quali però vengono aggiunti altre materie prime fondamentali per la riuscita di una ricetta.

Uno di questi è l'**agente lievitante**, che introducendo gas nell'impasto, è in grado di farlo crescere durante la fase di lavorazione e/o cottura. Anche l'aria può fungere da agente lievitate, come ad esempio nel pan di Spagna che, tradizionalmente, non necessita di lievito. In questo caso, durante la montatura, le proteine dell'uovo inglobano aria permettendo all'impasto durante la cottura di lievitare.

Ma la maggior parte delle volte l'aumento di volume è dovuto alla reazione innescata dall'anidride carbonica, che si sviluppa negli impasti ai quali si aggiunge un lievito. In commercio se ne trovano di diverse varietà. Quelli maggiormente usati in pasticceria sono: il lievito madre, il lievito di birra e il lievito in polvere istantaneo per dolci.

Il lievito per eccellenza, che si dovrebbe prediligere in tutte le preparazioni a media e lunga lievitazione, è il **lievito madre**, chiamato anche lievito acido, pasta madre o lievito naturale.

É un impasto di acqua e farina ed eventualmente un elemento contaminante che conferisce acidità (es. yogurt, buccia di mela o dell'uvetta sultanina), che

fermentando consentono la riproduzione di microrganismi che acidificano la pasta e che daranno vita alla formazione del lievito. A differenza del lievito di birra, nel lievito madre sono presenti diverse specie di batteri che consentono una maggiore crescita dell'impasto, dal quale si ottengono poi dei prodotti dal sapore e dall'aroma unico, più digeribili, dalla crosta più croccante e conservabili per più tempo. Molto utilizzato in pasticceria per realizzare prodotti a lunghissima lievitazione soprattutto della tradizione pasticcera italiana, come pandori, panettoni e colombe. Per sfruttare al meglio le potenzialità della pasta madre è necessario curarla, rinfrescandola periodicamente e in maniera costante, ma tutte queste attenzioni ripagheranno poi con prodotti eccellenti per gli aromi sprigionati e per la durata del prodotto finale. Per dosare in maniera corretta il lievito madre, è utile seguire le seguenti indicazioni sulle proporzioni rispetto agli altri ingredienti. Normalmente la regola da seguire è dal 30% al 50% del lievito madre sul peso della farina dell'impasto complessivo con il 55-60% di acqua sul peso dell'impasto. Ad esempio, per 1 kg di farina, si utilizzano 350 g di lievito madre e 550-600 g di acqua. Qualora si utilizzi il lievito madre, le preparazioni necessitano di almeno 8-10 ore di lievitazione.

Il **lievito di birra** viene utilizzato per alcuni dolci da forno tipici della tradizione che prevedono una lievitazione lenta ottenuta grazie ai fermenti vivi contenuti nel lievito di birra che trasformano gli zuccheri in anidride carbonica ed alcol etilico. L'anidride carbonica intrappolata nelle maglie del

glutine "gonfia" l'impasto e rende morbido, soffice e digeribile il dolce.

Il **lievito in polvere istantaneo per dolci** è costituito da uno starter lievitante, un elemento acidificante e una sostanza inerte tipo amido o farina e va aggiunto come ultimo ingrediente, perché agisce rapidamente; se messo in anticipo esaurisce il suo effetto lievitante prima della cottura.

Per chi fosse intollerante al lievito o volesse sperimentare nuove combinazioni naturali, ecco come il lievito per dolci può essere sostituito:

Un'altra componenete essenziale per ottenere dei dolci a regola d'arte è **l'ordine** in cui si aggiungono gli ingredienti. È fondamentale rispettarne l'ordine indicato in ricetta se si vuole ottenere il risultato desiderato.

1 bustina di LIEVITO PER DOLCI

6 g di bicarbonato di sodio + 30 ml di succo di limone
6 g di bicarbonato di sodio + 70 g di yogurt bianco naturale
6 g di ammoniaca per dolci
6 g di bicarbonato di sodio + 40 ml di aceto di mele

Una cucina da chef

In pasticceria, ma in generale in cucina, avere a disposizione gli strumenti giusti è fondamentale per realizzare al meglio la ricetta. Per tale ragione, è sempre bene avere a portata di mano varie tipologie di utensili, dai più semplici e comuni ai più particolari. Innanzitutto, è sempre buona regola avere una cucina dotata di tutti gli elettrodomestici che sono di supporto alla preparazione del dolce.

In primis, il **forno**. É molto importante scegliere un buon forno, nel quale si possano gestire al meglio modalità, tempi e temperature. La funzione principale che deve essere presa in considerazione per la scelta di un forno casalingo è la modalità di cottura. Prevalentemente, sono presenti e sono maggiormente utilizzate 2 modalità di cottura in forno: statica e ventilata.

La prima funziona per irraggiamento mediante resistenze nella parte inferiore e superiore del forno; questo richiede più tempo affinché l'elettrodomestico si riscaldi completamente e, di conseguenza, la cottura delle preparazioni sarà più lenta e delicata, necessaria ad esempio per i lievitati che si devono asciugare nella parte interna, nonché crescere in altezza.
La seconda invece, prevede l'attivazione di una ventola che, muovendo l'aria, permette un riscaldamento dell'elettrodomestico più veloce rispetto alla modalità statica, consentendo di cuocere le pietanze in maniera veloce e uniforme, permettendo la formazione di una crosta esterna croccante, ma mantenendo l'interno della preparazione umido. Quindi, ad ogni preparazione la sua modalità di cottura.

Di seguito, un piccolo specchietto utile per capire come utilizzare il forno nelle preparazioni dolci.

STATICO	VENTILATO
Torte classiche	Crostate
Pan di Spagna	Biscotti
Pasta sfoglia	Dolci dal cuore morbido
Lievitati	

La differenza sostanziale tra modalità statico e ventilato riguarda calore e durata: tra i due c'è una differenza di circa 20-25°C. Quindi, per regolarsi al meglio nella cottura di una ricetta che prevede l'utilizzo di un forno ventilato, ma tale modalità non si possiede, basta aumentare la temperatura. Ad esempio, impostare 200°C nel forno statico equivale grosso modo a impostare 180°C nel forno ventilato.

Viceversa, se si ha solamente il forno ventilato, abbassare la temperatura, quindi ad esempio abbassate la temperatura dai canonici 170-180°C fino a 150-160°C nel forno ventilato, controllando sempre l'andamento della cottura della preparazione.

Di seguito, alcune piccole tecniche basilari che è necessario seguire per ottenere un risultato eccellente:

• imburrare e infarinare le teglie e gli stampi o rivestirli di carta forno, all'occorrenza bagnata e strizzata;

• sistemare la griglia del forno in posizione centrale;

• accendere il forno 10 minuti prima dell'utilizzo e attendere lo spegnimento della spia della temperatura impostata prima di iniziare la cottura;

• laddove non specificato, preferire la cottura del dolce in modalità di forno statico;

• non aprire il forno durante la cottura dei dolci soprattutto quelli contenenti lievito in polvere istantaneo;

• controllare la cottura delle torte soffici infilando uno stuzzicadenti di legno al centro: se esce asciutto e pulito, la torta è pronta.

Altri elettrodomestici di vitale importanza nelle preparazioni di pasticceria sono il **frigorifero** e il **congelatore**, d'obbligo per mantenere in fresco e conservare le preparazioni, ma anche averle a disposizione per eventuali ricette che si vogliono realizzare in tempi successivi.

Ma se si vuole raffreddare una preparazione nel più breve tempo possibile come dei veri professionisti, un **abbattitore** casalingo potrebbe essere il vero asso nella manica.

Oltre agli elettrodomestici, è importante avere nel cassetto della cucina il kit di utensili indispensabili, sempre pronti per ogni occasione.

Utensili e attrezzature indispensabili

termometro da pasticceria ciotole e ciotoline sono da tenere sempre a portata di mano quando si inizia a realizzare un dolce. Inoltre, piatti, vassoi, alzatine, cocottine, bicchieri, buste e scatole e tanti altri utensili per presentare e trasportare il proprio dolce, che sia per una serata in casa o per un invito a cena.

Il dessert è una delle preparazioni che, più di altre, si presta ad essere ammirato e studiato in ogni singolo dettaglio. Dalle vetrine delle pasticcerie alle tavole dei ristoranti, fino ai programmi televisivi e ai social network, la ricerca della perfezione estetica è ovunque, con torte che sfidano la gravità, mousse dalle consistenze favolose e, ancora, piccoli capolavori in miniatura.
Riprodurre tanta bellezza tra le mura della propria cucina richiede un pizzico di pazienza, ma è sicuramente divertente e fonte di grande soddisfazione. Conosciamo dunque le principali idee per ottenere l'effetto "wow" a casa vostra.

Imprescindibili, questi utensili non devono assolutamente mancare nelle cucine di qualsiasi provetto pasticcere. Pennelli in silicone, carta assorbente, alluminio, pellicola trasparente e carta forno, fogli di acetato per rendere lisci i bordi delle cheesecake e dei semifreddi, gratelle, matterelli,

Idee per farcire

LE CREME BASE

Con crema si intende un composto più o meno liquido utilizzato per arricchire il sapore del nostro dessert. Le più conosciute sono la crema pasticcera, la crema inglese, la pâte à bombe, la meringa italiana e la crema chantilly.

Quella **pasticcera** è la regina delle creme, impiegata come farcia all'interno di torte e mignon. I suoi ingredienti sono il latte, i tuorli - responsabili dell'inspessimento della crema grazie al loro potere coagulante, lo zucchero e gli amidi.

La **crema inglese** è un altro classico impiegato in dolci al piatto o bavaresi. A differenza della pasticcera, la crema inglese non contiene farine, dunque è meno densa.

La **pâte à bombe** è invece una preparazione che sta alla base di mousse e semifreddi. Si tratta di una montata di tuorli e zucchero cotto utilizzata per conferire cremosità al dessert.

La **meringa italiana**, realizzata con albumi e zucchero, costituisce la base per mousse e semifreddi.

Infine, la **crema chantilly** è semplicemente della panna montata con zucchero a velo e semini di vaniglia.

LE CREME DERIVATE

Derivate dalle creme base sono la crema diplomatica, la bavarese e tutti i tipi di mousse.

La **crema diplomatica** o chantilly all'italiana si ottiene dalla crema pasticcera aggiungendo panna montata.

La **bavarese** è una crema inglese arricchita da gelatina e panna montata e può essere aromatizzata alla frutta o al cioccolato.

Con **mousse** si intende un composto leggero e spumoso. I suoi ingredienti variano a seconda del gusto che vogliamo ottenere: per una mousse alla frutta è bene partire da una meringa italiana; mentre per una mousse al cioccolato l'ideale è una base o pâte à bombe.

Oltre a quelle elencate, altre creme utilizzate in pasticceria sono il semifreddo all'italiana, il parfait e il biscotto ghiacciato.

PANNA MONTATA

INGREDIENTI
200-600 g di panna
(min. 30% di grassi) fredda

PREPARAZIONE
1. **Posizionare la farfalla**. Mettere nel boccale la panna e montare a **vel. 3**, fino a raggiungere il grado di montatura desiderato. **Togliere la farfalla** e usare al bisogno o come descritto nella ricetta.

CONSIGLI
- Il tempo di lavorazione dipende dalla temperatura, dal contenuto di grasso e dalla quantità di panna.
- Per non montare eccessivamente la panna ed evitare che si trasformi in burro, controllare dal foro del coperchio il punto di montatura. Fare attenzione al cambiamento di rumore che indica il cambiamento di consistenza della panna.
- La panna fresca deve essere molto fredda (4-6°C) e anche il boccale deve essere il più freddo possibile.
- Una panna montata più soda si ottiene utilizzando una panna fresca con elevato contenuto di grasso.
- Per un miglior risultato, usare 400-600 g di panna fresca.

VARIANTI
- **Panna montata zuccherata:** aggiungere ogni 200 g di panna fresca 1 cucchiaino di zucchero, zucchero a velo o zucchero vanigliato prima di iniziare la lavorazione.

INFORMAZIONI
- La copertura con la panna montata è la più semplice, ma allo stesso tempo molto scenografica. Questo tipo di copertura seppur semplice, richiede una certa delicatezza e un pochino di manualità.

Scansiona il QR code per collegarti direttamente alla ricetta della Panna montata presente su Cookidoo®

 10 min

 10 min

 1 ricetta completa

facile

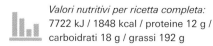

Valori nutritivi per ricetta completa:
7722 kJ / 1848 kcal / proteine 12 g / carboidrati 18 g / grassi 192 g

Step 1 - Sistemare la panna montata in una o due tasche da pasticceria con bocchette festonate, ma con diverso diametro. La scelta delle bocchette della tasca da pasticceria dipende sempre dal tipo di decorazione che si desidera fare.

Step 2 - Con una spatola a gomito, stendere in maniera liscia e omogenea la panna tra i diversi strati della torta.

Step 3 - Sempre con la spatola a gomito, se si desidera, coprire tutta la superficie, compresi i bordi della torta, stendendo la panna montata in maniera uniforme.

Step 4 - Con la panna montata all'interno della tasca da pasticceria, iniziare a decorare la torta, effettuando dei piccoli movimenti circolari, se si desidera una decorazione che ricordi le onde, oppure fare scendere la panna a ciuffetti su tutta la superficie della torta.

Idee per coprire

LE GLASSE

Per una decorazione semplice che esalti le dimensioni e lo spessore della torta, la glassa è la scelta migliore. Di glasse ne esistono tantissime, ma sono due le versioni principali: la **glassa all'acqua** e la **ghiaccia reale**.

La glassa all'acqua è una ricetta molto veloce da preparare e che prevede soltanto due ingredienti: acqua bollente e zucchero a velo. La sua densità varia a seconda della quantità di zucchero: più liquida per le torte, più consistente per i biscotti.

La glassa all'acqua si asciuga velocemente e non rimane in rilievo. La si sceglie pertanto per decorazioni base e spesso la si arricchisce ulteriormente.

Oltre alla classica bianca, la glassa all'acqua può essere tinta con coloranti alimentari, per la gioia di grandi e piccini, oppure aromatizzata con l'aggiunta di cacao amaro in polvere o caffè, per creare meravigliosi effetti ottici e giochi geometrici.

A differenza della glassa all'acqua, che tendenzialmente si dilata e non permette decorazioni in rilievo, la ghiaccia reale, grazie alla consistenza compatta che mantiene forma e spessore, consente di decorare una torta con disegni, ciuffi, scritte e trame più o meno articolate. La sua composizione è a base di albume, zucchero a velo e succo di limone. Si presenta come lucida ed elastica e si indurisce in poche ore diventando molto resistente.

Delle glasse fanno parte, infine, le ganache da glassaggio, con base cioccolato o frutta, lucide oppure opache, utilizzate per dare carattere al nostro dolce e per mascherare eventuali imperfezioni. Esteticamente molto belle da vedere sono le glasse a specchio, la cui lucentezza è data dall'acqua che viene intrappolata nel processo di glassaggio grazie a particolari zuccheri che ne impediscono l'evaporazione in frigorifero.

LA PASTA DI ZUCCHERO

Perfetta per ricoprire torte, biscotti o cupcake e per realizzare figurine tridimensionali come fiori o statuine, la pasta di zucchero è una preparazione a base di zucchero a velo, glucosio e gelatina. Oltre alla classica bianca, la si può trovare anche colorata.

La sua consistenza, morbida ed elastica, la rende facile da stendere con il matterello e permette di modellarla facilmente con le mani proprio come la plastilina.

Per realizzare personaggi e fiori è però preferibile la gum paste, una pasta di zucchero che prevede l'aggiunta di un addensante (CMC o gomma adragante).

Essendo ancora più elastica, la "gum paste" si stende fino a raggiungere spessori davvero sottili ed è quindi ideale per realizzare anche i dettagli più fini, con un effetto finale simile alla porcellana.

Se invece vogliamo creare delle forme che si mantengano rigide, dobbiamo utilizzare il "pastigliaccio", una pasta di zucchero composta da zucchero a velo, gelatina e amido di mais (maizena), la quale, una volta asciugata, diventerà durissima e quasi impossibile da mangiare.

A discapito di quanto si pensi, la pasta di zucchero è una ricetta facile da preparare grazie a Bimby®, ma richiede molta pazienza e una buona dose di creatività. Inoltre, tende a seccare velocemente a contatto con l'aria quindi va conservata in sacchetti di plastica in luogo fresco e asciutto, ma non in frigorifero.

GANACHE AL CIOCCOLATO

INGREDIENTI

300 g di panna (35% di grassi)
325 g di cioccolato fondente a pezzi
60 g di zucchero
90 g di burro a pezzi

UTENSILI UTILI

pellicola trasparente
ciotola

PREPARAZIONE

1. Mettere nel boccale la panna e scaldare: **2 min./90°C/vel. 1**.
2. Aggiungere il cioccolato fondente e sciogliere: **2 min./90°C/vel. 2**.
3. Unire lo zucchero e il burro, mescolare: **1 min./vel. 3**. Trasferire la ganache in una ciotola, coprire con pellicola trasparente a contatto e riporre in frigorifero per almeno 12 ore.
4. Utilizzare la ganache per ripieni o come richiesto nella ricetta (vedere consigli).

CONSIGLI

• La ganache al cioccolato può essere utilizzata per farcire bigné, pasticcini e torte, per realizzare cioccolatini o come copertura per dolci.
1. Farcitura: **posizionare la farfalla**. Mettere nel boccale la ganache fredda e montare: **2 min./vel. 3**. **Togliere la farfalla** e trasferire in una tasca da pasticceria con beccuccio e farcire.
2. Cioccolatini e copertura: mettere nel boccale la ganache e sciogliere: **1 min./37°C/vel. 2**. Versare all'interno di stampini per cioccolatini in silicone e coprire la torta preparata.

INFORMAZIONI E CURIOSITÀ

• La ganache al cioccolato, sia nero che bianco, è una preparazione classica della pasticceria, utilizzata prevalentemente per coprire le torte, ma anche, sulla base della sua consistenza, per farcire bignè e pasticcini.
Il nome "ganache" deriverebbe da un errore di manipolazione: un apprendista pasticcere era stato apostrofato dal suo maestro con l'epiteto di ganache (in francese "maldestro") dopo aver versato, per errore, della panna bollente nel cioccolato. Invece di essere inutilizzabile, il composto si rivelò delizioso.

Scansiona il QR code per collegarti direttamente alla ricetta della Ganache al cioccolato presente su Cookidoo®

 10 min   12 h 20 min   1 ricetta completa   medio

Valori nutritivi per ricetta completa:
15075 kJ / 3603 kcal / proteine 29 g / carboidrati 235 g / grassi 289 g

Step 1 - Sistemare la torta sopra una gratella, avendo l'accortezza di poggiare quest'ultima sopra un piatto o un vassoio cosicché si eviti di sporcare il piano di lavoro.

Step 2 - Versare la ganache sopra la torta, facendola colare anche dai lati.

Step 3 - Con una spatola a gomito, stendere in maniera uniforme la ganache ricoprendo tutta la torta.

Step 4 - Se si desidera dare un effetto ordinato, con una spatola in alluminio, allisciare perfettamente la superficie eliminando la ganache in eccesso.

GLASSA DI ZUCCHERO

INGREDIENTI

200 g di zucchero
1 albume (35 g)
4-5 gocce di succo di limone

PREPARAZIONE

1. Mettere nel boccale lo zucchero e polverizzare: **20 sec./vel. 10**.
2. Aggiungere l'albume e il succo di limone, amalgamare: **10 sec./vel. 6**.
3. Usare al bisogno.

CONSIGLI

- Utilizzare questa glassa per decorare dolci, torte, pasticcini. Versare il composto sopra la torta e stendere con una spatola da pasticceria riscaldata, immersa in acqua bollente e asciugata prima dell'uso. Lasciare riposare la torta finché la glassa non sia asciugata (circa 2 ore).
- Se la glassa è troppo densa, aggiungere qualche goccia di succo di limone o di acqua.
- Per ottenere glasse di colori diversi, distribuire un po' di glassa in diverse ciotoline, aggiungere qualche goccia di colorante alimentare e mescolare.
- Per decorare i biscotti, mettere la glassa bianca o colorata in una tasca da pasticceria con bocchetta sottile e decorare a piacere.

INFORMAZIONI

- La glassa di zucchero, chiamata anche ghiaccia reale, è molto utilizzata in pasticceria per creare decorazioni leggere e delicate, come quelle realizzare sui biscotti di Natale.

Scansiona il QR code per collegarti direttamente alla ricetta della Glassa di zucchero presente su Cookidoo®

 5 min   1 h 10 min   1 ricetta completa   medio   *Valori nutritivi per ricetta completa:* 3409 kJ / 815 kcal / proteine 4 g / carboidrati 200 g / grassi 0 g

Come realizzare le decorazioni sui biscotti di Natale

Step 1 - Sistemare la glassa di zucchero all'interno di una tasca da pasticceria con bocchetta molto sottile.

Step 2 - Iniziare a disegnare sul biscotto la decorazione desiderata, prestando molta attenzione a non creare sbavature.

Step 3 - Creare le decorazioni che più si preferiscono sulla base della forma del biscotto.

PASTA DI ZUCCHERO

INGREDIENTI

5 g di gelatina in fogli
25 g di acqua
500 g di zucchero
1 cucchiaino di zucchero vanigliato
    o ½ cucchiaino di estratto
    di vaniglia naturale
50 g di miele di acacia o di sciroppo
    di glucosio
zucchero a velo per spolverizzare

UTENSILI UTILI

ciotola
pellicola trasparente

PREPARAZIONE

1. Mettere a bagno in una ciotola la gelatina nell'acqua e tenere da parte.
2. Mettere nel boccale 250 g di zucchero e lo zucchero vanigliato, polverizzare: **20 sec./vel. 10**. Trasferire in una ciotola capiente e mettere da parte.
3. Mettere nel boccale i restanti 250 g di zucchero e polverizzare: **20 sec./vel. 10**. Trasferire nella ciotola con lo zucchero a velo polverizzato in precedenza.
4. Mettere nel boccale la gelatina con la sua acqua, il miele (o lo sciroppo di glucosio) e scaldare: **40 sec./60°C/vel. 2**, poi mescolare: **30 sec./vel. 5**.
5. Aggiungere lo zucchero polverizzato in precedenza: **Turbo/1.0 sec./5-6 volte**. Si dovranno formare delle grosse briciole.
6. Trasferire il composto sulla spianatoia, compattare con le mani fino ad ottenere una palla liscia utilizzando lo zucchero a velo per spolverizzare. Avvolgere bene nella pellicola trasparente e conservare a temperatura ambiente. Utilizzare come copertura e per decorare dolci.

CONSIGLI

- Per realizzare pasta di zucchero colorata aggiungere alcune gocce di colorante alimentare al passaggio 2. In alternativa è possibile colorare la pasta di zucchero con poche gocce di colorante alimentare (preferibilmente in gel) dopo averla impastata. In questo caso proteggersi le mani con guanti in lattice.
- Si consiglia di utilizzare i coloranti alimentari in gel perchè hanno un elevato potere colorante e non alterano la consistenza dell'impasto se aggiunti successivamente alla lavorazione.
- Durante la lavorazione e la stesura della pasta di zucchero utilizzare zucchero a velo per spolverizzare.
- La pasta di zucchero si conserva per alcune settimane ben avvolta nella pellicola trasparente.
- La dose di questa ricetta serve a rivestire una torta di Ø 20 cm circa.

VARIANTI

- Il glucosio o il miele nell'impasto servono a renderlo malleabile. Se si utilizza il miele al posto dello sciroppo di glucosio è importante scegliere una varietà, come il miele di acacia, che sia fluido e poco colorato.

Scansiona il QR code per collegarti direttamente alla ricetta della Pasta di zucchero presente su Cookidoo®

 10 min

 1 h

 1 ricetta completa

 medio

 Valori nutritivi per ricetta completa:
8916 kJ / 2131 kcal / proteine 0 g /
carboidrati 568 g / grassi 0 g

La pasta di zucchero è un elaborato che viene utilizzato moltissimo in pasticceria, soprattutto in questi ultimi anni in cui si è diffuso il cake design. Grazie alla sua elevata elasticità e di conseguenza modellabilità, la pasta di zucchero viene usata per realizzare coperture perfette per torte o piccole decorazioni come fiori, foglie, personaggi animali e umani, ecc.

Partendo da una base bianca e aggiungendo poche gocce di colorante alimentare, si possono ottenere delle particolari e coloratissime decorazione che conferiranno allegria e faranno dire "wow" a chi vedrà la preparazione.
Come utilizzare la pasta di zucchero per ricoprire una torta e per fare delle decorazioni.

Step 1 - Spolverizzare abbondantemente il piano di lavoro con dello zucchero a velo poi stendere la pasta di zucchero.

Step 2 - Sistemare la torta su un piatto, preferibilmente girevole, e stendervi sopra un alimento che consenta di fare da collante, come una confettura o una crema al burro.

Step 3 - Stendere delicatamente la pasta di zucchero sopra la torta, aiutandosi con il matterello.

Step 4 - Con le mani fare aderire bene ai bordi la pasta di zucchero, stando attenti a non creare crepe, quindi procedere con molta delicatezza.

Step 5 - Con una spatola livellante per pasta di zucchero, allisciare la superficie della torta e i lati, prestando anche in questo caso molta attenzione a che la pasta di zucchero non si rovini.

Step 6 - Ritagliare la parte in eccesso con una rotella a lama liscia o con un coltellino a lama liscia affilato.

Step 7 - Rifinire i bordi della torta allisciandoli con la spatola livellante.

Step 8 - Decorare la torta a piacere, utilizzando degli stencil, dei timbri, degli stampini, coltellini per incisioni o dare sfogo liberamente alla fantasia con creando, fiori, personaggi, animali e tantissime altre decorazioni.

Idee per guarnire e decorare

Gelée, croccanti, pralinati e meringhe sono alcuni dei composti utilizzati in pasticceria in qualità di inserti, per dare un effetto wow al taglio. Le prime sfruttano il potere gelificante di addensanti come la pectina o l'agar agar e si aggiungono per conferire una nota di freschezza al dessert. Sono di consistenza più morbida se utilizzate all'interno, più dura se impiegate come elementi decorativi all'esterno.

Il croccante, lo dice la parola, serve ad arricchire il dessert con un tocco di croccantezza. I pralinati sono, invece, croccanti che subiscono un processo di raffinazione e vengono ridotti in pasta. Anche i pralinati possono essere impiegati all'interno del dessert oppure aggiunti come finitura in superficie.

Le meringhe, leggerissime e friabili, sono infine una delle preparazioni più utilizzate, per la loro semplicità di realizzazione e la povertà degli ingredienti: albumi montati e zucchero. L'unica accortezza consiste nell'eliminare qualsiasi residuo di tuorlo dagli albumi e nell'avvalersi di attrezzature molto ben pulite.

Granelle: prevalentemente di frutta secca, ma anche di cioccolata, le granelle conferiscono croccantezza se utilizzate all'interno della preparazione oppure danno quel tocco semplice, ma allo stesso tempo elegante se utilizzate come decorazione.

Con il Bimby® si possono realizzare tantissime preparazioni in maniera facile che faranno dire wow ai vostri ospiti. La prima cosa da fare però, in modo particolare per quanto riguarda le torte è dargli la forma, oltre che con gli stampi o tortiere, anche componendolo nel modo corretto.

Di seguito pochi step da seguire per comporre in maniera ordinata e precisa una torta a strati.

Step 1 - Sistemare la torta su un foglio di carta forno posizionato su un piano di lavoro liscio e soprattutto dritto. Con l'apposito seghetto per torte o con un coltello a lama lunga, tagliare orizzontalmente la torta nel numero degli strati in cui si decide di realizzare la torta. Cercare sempre di fare degli strati di un'altezza regolare e omogenea, così da non avere una torta sproporzionata.

Step 2 - Utilizzando un anello in alluminio, iniziare a formare gli strati sistemando lo strato di base al suo interno.

Step 3 - Se si desidera, bagnare la torta con una bagna a piacere (sciroppo di frutta, acqua e zucchero, acqua e un liquore, confettura o marmellata ecc.) poi stendere la crema scelta in maniera omogenea con una spatola a gomito.

Step 4 - Chiudere con l'ultimo strato di torta e lasciare compattare per una o due ore in modo tale che la torta prenda forma.

Step 5 - Stendere la crema su tutta la superficie della torta, sempre con l'ausilio di una spatola in metallo.

Step 6 - Quando la torta sarà completamente coperta, rifinirla eliminando la crema in eccesso. La torta a questo punto sarà pronta per essere decorata secondo la propria fantasia. Una volta farcita la torta, si passa alla sua glassatura.

Step 7 - Ci sono diverse ricette che possono essere utilizzate per glassare e decorare perfettamente un dolce.

LA PASTA DI MANDORLE

La pasta di mandorle, o pasta reale, è una preparazione a base di zucchero e mandorle usata come base di molti dolci del Sud Italia, soprattutto siciliani. La sua origine si deve alla nascita della frutta Martorana, dolcetti a forma di frutta fatti con pasta di mandorle e dipinti con colorante alimentare.
In Sicilia è utilizzata per realizzare altri dolci tipici della tradizione, come nel caso della copertura della cassata, e può essere aromatizzata alle nocciole o ai pistacchi.
La pasta di mandorle, a differenza della pasta di zucchero, non è liscia, ma granulosa e poco elastica; non è pertanto adatta a decorazioni che necessitano di tanta lavorazione.

IL FROSTING

Il frosting più diffuso nella pasticceria americana e inglese per glassare i cupcake è la crema al burro, che si compone principalmente di due ingredienti: burro (o margarina) e zucchero a velo, ai quali possono aggiungersi latte e panna liquida, per ammorbidire, o aromi vari. Vista l'enorme quantità di zucchero impiegata per consentire alla crema al burro di mantenersi ore fuori frigorifero, per molti palati può essere di sapore stucchevole e consistenza sgradevole. Esistono pertanto delle alternative alla classica crema al burro, come per esempio il frosting al formaggio, dove il burro è sostituito da mascarpone o formaggio fresco spalmabile. Anche nel caso del frosting è possibile aggiungere poche gocce di colorante alimentare per dare al nostro dessert la sfumatura che preferiamo.

IL CIOCCOLATO TEMPERATO

Temperare il cioccolato vuole dire fare in modo che questo, una volta fuso e freddo, rimanga lucido e non formi quella patina bianca. Il cioccolato temperato è molto utilizzato in pasticceria per realizzare cioccolatini e decorazioni per rendere fantastici i vostri dolci. Richiede solamente molta attenzione e un po' di pratica, soprattutto alle temperature.

CIOCCOLATO TEMPERATO

INGREDIENTI

250 g di cioccolato fondente (70% di cacao) a pezzi

UTENSILI UTILI

termometro da pasticceria

PREPARAZIONE

1. Mettere nel boccale pulito e ben asciutto il cioccolato fondente e tritare: **10 sec./vel. 8**. Riunire sul fondo con la spatola. Togliere dal boccale 70 g di cioccolato tritato e tenere da parte.

2. Sciogliere il cioccolato nel boccale: **3 min./50°C/vel. 3**.

3. Aggiungere i 70 g di cioccolato tritato tenuto da parte e mescolare: **2 min./vel. 3**.

4. Fare abbassare la temperatura del cioccolato a 31°C prima di utilizzarlo per le diverse preparazioni (vedere consigli).

CONSIGLI

- Per misurare la temperatura del cioccolato temperato, si consiglia di utilizzare un termometro da pasticceria.
- Il cioccolato temperato può essere usato in svariati modi: copertura per torte e biscotti, per realizzare bon bon e cioccolatini, per immergervi della frutta (es. fragole, banane, pere, ananas, ecc.), per realizzare scritte o decorazioni.

VARIANTI

- Per realizzare il cioccolato temperato si può utilizzare anche il cioccolato al latte o bianco. Nel primo caso, il cioccolato si stempera a 31°C, mentre nel secondo a 29°C.

INFORMAZIONI

- Si può raddoppiare la quantità. Mettere nel boccale 500 g di cioccolato e tritare: **20 sec./vel. 8**. Riunire sul fondo con la spatola e togliere 130 g di cioccolato tritato. Sciogliere il cioccolato nel boccale: **6 min./50°C/vel. 3**. Unire i 130 g di cioccolato tenuti da parte e procedere come da ricetta.

Scansiona il QR code per collegarti direttamente alla ricetta del Cioccolato temperato presente su Cookidoo®

 5 min   15 min   1 ricetta completa   medio   *Valori nutritivi per ricetta completa:* 5577 kJ / 1333 kcal / proteine 24 g / carboidrati 85 g / grassi 102 g

Step 1 - Su un piano di lavoro preferibilmente freddo, versare il cioccolato fuso e con una spatola a gomito stenderlo in uno strato sottile.

Step 2 - Con la punta di un coltellino, ritagliare due strisce rettangolari.

Step 3 - Piegare la striscia di cioccolato creando una goccia.

Step 4 - Pinzare l'estremità della goccia di cioccolato con una pinza così da unirle.

Step 5 - Sistemare 2-3 cubetti di ghiaccio in un bicchiere alto e largo e riporvi la goccia di cioccolato cosicché il cioccolato si solidifichi.

Step 6 - Sistemare sul piano di lavoro freddo la prima parte del fiocco e proseguire formando le altre componenti.

Step 7 - Spolverizzare i fiocchi di cioccolato con del cacao amaro per creare l'effetto vellutato.

PASTA DI MANDORLE

INGREDIENTI

220 g di zucchero

1 cucchiaino di zucchero vanigliato, fatto in casa o ½ cucchiaino di estratto di vaniglia naturale

220 g di mandorle pelate

30 g di albume

20 g di acqua o di Maraschino

UTENSILI UTILI

pellicola trasparente

ciotola

PREPARAZIONE

1. Mettere lo zucchero e lo zucchero vanigliato nel boccale, polverizzare: **20 sec./vel. 10**.
2. Aggiungere le mandorle e polverizzare: **15 sec./vel. 10**.
3. Unire l'albume e l'acqua (o il Maraschino), impastare: **30 sec./vel. 4**.
4. Trasferire il composto in una ciotola, coprire con pellicola trasparente e mettere in frigorifero per almeno 1 ora.
5. Riprendere la pasta di mandorle e lavorarla a piacimento o come indicato nella ricetta.

CONSIGLI

- La pasta di mandorle è ottima per farcire datteri, prugne secche e fichi, o per creare bon bon da aromatizzare o colorare a piacere.
- Lavorare la pasta di mandorle utilizzando dello zucchero a velo al posto della farina per spolverizzare il piano di lavoro.
- La pasta di mandorle può essere colorata con poche gocce di colorante alimentare in gel o in polvere.

INFORMAZIONI E CURIOSITÀ

- Questo tipo di impasto è particolarmente utilizzato in Sicilia per la preparazione di dolci come la frutta Martorana.
- L'utilizzo della pasta di mandorle o marzapane in pasticceria è molto simile a quello della pasta di zucchero, ma a differenza di quest'ultima la pasta di mandorle può essere utilizzata anche per realizzare piccoli dolcetti e biscottini.

  Molto utilizzata nel Sud Italia (la Sicilia è famosissima per la sua frutta Martorana), la pasta di mandorle è molto eclettica e, con un po' di manualità e con tanta fantasia, si possono modellare tanti piccoli soggetti.

  L'importante è avere le formine e gli strumenti per modellare la pasta di mandorle.

Scansiona il QR code per collegarti direttamente alla ricetta della Pasta di mandorle presente su Cookidoo®

 10 min

 1 h 10 min

 1 ricetta completa

 medio

 Valori nutritivi per ricetta completa: 9213 kJ / 2202 kcal / proteine 52 g / carboidrati 240 g / grassi 122 g

Come realizzare una rosa in pasta di mandorle

Step 1 - Sul piano di lavoro spolverizzato con dello zucchero a velo con un matterello, stendere la pasta di mandorle ad uno spessore di pochi millimetri.

Step 2 - Con uno stampino tondo di Ø 4-5 cm, tagliare la pasta di mandorle.
Sul piano allineare 6 cerchi, sovrapponendoli leggermente.

Step 3 - Arrotolare partendo da destra verso sinistra.

Step 4 - Pizzicare leggermente la base per unire i cerchietti ottenendo così una rosellina.

GLASSA AL BURRO

INGREDIENTI

400 g di zucchero a velo
200 g di burro morbido a pezzi
15 g di latte
1 cucchiaino di estratto di vaniglia
naturale in polvere

PREPARAZIONE

1. Mettere nel boccale lo zucchero a velo, il burro, il latte, la vaniglia e lavorare: **1 min./vel. 4**. Riunire sul fondo con la spatola.
2. Mescolare: **20 sec./vel. 4**.
3. **Posizionare la farfalla** e montare: **1 min./vel. 3**. **Togliere la farfalla** e utilizzare come desiderato.

CONSIGLI

- Farcire o glassare una torta usando una spatola di gomma, oppure trasferire la glassa in una tasca da pasticceria per decorare la superficie di torte e pasticcini.
- Per conservare la glassa al burro metterla in frigorifero in un contenitore a chiusura ermetica. Utilizzare la glassa a temperatura ambiente.

VARIANTI

- Questa glassa può essere aromatizzata a piacere. Ad esempio, nel passaggio 1, invece di 1 cucchiaino di estratto naturale di vaniglia, aggiungere ½-1½ cucchiaino di caffè in polvere, 1-3 cucchiaini di cacao in polvere, 2 cucchiai di granella di nocciole o qualsiasi altro aroma.

INFORMAZIONI

- La ricetta qui proposta come frosting e forse anche la più utilizzata in pasticceria per questo tipo di dolcetto è la glassa al burro, ma in questo Libro, così come in pasticceria, si hanno diverse ricette che possono essere utilizzate come copertura, a base ad esempio di formaggio fresco spalmabile o di panna o ancora di mascarpone, tutte ottime alternative per rendere ancora più goloso e alternativo il vostro dolce, con colori e gusti diversi.
- Ci sono diverse tecniche per decorare i cupcake, tutto dipende dalla tipologia di bocchetta utilizzata e dalla fantasia del provetto pasticcere. La più semplice è la cupoletta arricciata, che si ottiene con una classica bocchetta festonata.

Scansiona il QR code per collegarti direttamente alla ricetta della Glassa al burro presente su Cookidoo®

 5 min

 10 min

 1 ricetta completa

 medio

 Valori nutritivi per ricetta completa: 13031 kJ / 3112 kcal / proteine 2 g / carboidrati 401 g / grassi 167 g

Cupoletta arricciata

Step 1 - Iniziare la decorazione partendo dal centro del cupcake.

Step 2 - Con un movimento circolare, iniziare a decorare la superficie del cupcake, cercando di non lasciare spazi vuoti.

Step 3 - Coprire tutta la superficie del dolcetto, creando una piccola montagnetta arricciata.

Esempi di decorazioni

TORTE MULTISTRATO (LAYER CAKE)

DEVIL'S FOOD CAKE (TORTA DEL DIAVOLO)

INGREDIENTI

Torta

340 g di burro a temperatura
ambiente a tocchetti
(2 cm circa) + q.b.
425 g di farina tipo 00 + q.b.
425 g di zucchero
100 g di latte
4 uova (da 60 g)
65 g di cacao amaro in polvere
75 g di acqua calda
1 cucchiaino di bicarbonato
di sodio

Ganache al cioccolato

750 g di panna (min. 30% di grassi)
750 g di cioccolato fondente
(70% di cacao) a pezzi

UTENSILI UTILI

3 tortiere con fondo apribile
(Ø 22 cm)
stecchini in legno per spiedini
ciotola capiente
pellicola trasparente
spatola a gomito in metallo
spatola da pasticceria

PREPARAZIONE

Torta

1. Preriscaldare il forno a 180°C. Imburrare ed infarinare 3 tortiere con fondo apribile (Ø 22 cm).
2. Mettere nel boccale lo zucchero e polverizzare: **15 sec./vel. 10**. Riunire sul fondo con la spatola. Lasciare 100 g di zucchero nel boccale e trasferire il resto in una ciotola.
3. **Posizionare la farfalla**. Unire il burro e il latte, mescolare: **5 min./vel. 3**. **Togliere la farfalla**.
4. Aggiungere, lo zucchero messo da parte, le uova, la farina 00, il cacao e l'acqua, mescolare: **40 sec./vel. 5**. Riunire sul fondo con la spatola.
5. Unire il bicarbonato, amalgamare: **20 sec./vel. 5**. Versare il composto dividendolo equamente nelle 3 tortiere preparate.
6. Cuocere in forno caldo per 30-35 minuti (180°C). Controllare la cottura delle torte effettuando la prova stecchino: se è asciutto, le torte saranno cotte. Togliere con attenzione le tortiere dal forno e lasciare raffreddare completamente le torte al loro interno.

Ganache al cioccolato

7. Nel boccale pulito e asciutto, mettere la panna e scaldare: **6 min./90°C/vel. 1**.
8. Aggiungere il cioccolato fondente e sciogliere: **5 min./90°C/vel. 2**. Trasferire la ganache in una ciotola molto capiente e lasciare raffreddare il composto a temperatura ambiente mescolando ogni 15 minuti. Coprire con pellicola trasparente a contatto e riporre in frigorifero per 1 ora, mescolando sempre ogni 15 minuti ottenendo un composto solido, ma spalmabile.

Terminare la preparazione

9. Sformare le 3 torte e sistemare la prima su un piatto da portata. Con una spatola a gomito, spalmare sulla superficie della torta 3-4 cucchiai di ganache al cioccolato (Foto 1), sistemarvi sopra la seconda torta e procedere in questo modo formando gli altri 2 strati.
10. Coprire tutta la torta con la ganache restante (Foto 2) e, aiutandosi con una spatolina, muovere la ganache conferendo un effetto increspato (Foto 3).
11. Servire (vedere consigli).

CONSIGLI
- L'ideale sarebbe cuocere le 3 torte contemporaneamente. Nel caso in cui il forno di casa non abbia la capienza sufficiente, cuocere le torte separatamente.
- Se non si consuma subito, conservare la Devil's cake in frigorifero per massimo 2 giorni.

 1 h

 5 h

 12 fette

 medio

 Valori nutritivi per fetta:
4548 kJ / 1087 kcal / proteine 14 g /
carboidrati 100 g / grassi 70 g

INFORMAZIONI E CURIOSITÀ

- La torta di origine americana, nasce presumibilmente intorno agli inizi del 1900 e il suo nome, letteralmente "torta del diavolo", fa riferimento alla sua peccaminosità: una torta a strati formata da un pan di Spagna al cioccolato e completamente ricoperta da una ganache al cioccolato. Originariamente, la torta era di colore rosso ricoperta da una crema al burro bianca, ma onde evitare l'utilizzo spropositato di colorante rosso, la torta venne trasformata in una golosità tutta al cioccolato.

1

2

3

TORTA RED VELVET

INGREDIENTI

Torta red velvet

150 g di burro morbido a pezzi
    + q.b.

375 g di farina tipo 00 + q.b.

2 uova (da 60 g)

300 g di yogurt naturale bianco

375 g di zucchero

1 stecca di vaniglia, i semini estratti

½ cucchiaino di colorante
    alimentare rosso in gel o
    in polvere (vedere consigli)

50 g di cacao amaro in polvere

20 g di aceto di vino bianco

10 g di lievito in polvere per dolci

Frosting al formaggio

300 g di zucchero

1 limone, preferibilmente biologico,
    la scorza (senza la parte bianca)

150 g di burro a temperatura
    ambiente a pezzi

525 g di formaggio fresco
    spalmabile

UTENSILI UTILI

tortiera con fondo apribile
    (Ø 20 cm)

spatola da pasticceria

stecchini in legno per spiedini

carta alluminio

ciotola

coltello seghettato

tasca da pasticceria e beccucci

PREPARAZIONE

Torta red velvet

1. Preriscaldare il forno a 175°C. Imburrare e infarinare una tortiera con fondo apribile (Ø 20 cm) e tenere da parte.

2. Mettere nel boccale le uova, lo yogurt, il burro, lo zucchero, la farina 00, i semini di vaniglia, il colorante rosso e il cacao, mescolare: **40 sec./vel. 5**. Riunire sul fondo con la spatola.

3. Unire l'aceto e il lievito, amalgamare: **20 sec./vel. 4**. Versare il composto nella tortiera preparata e livellare la superficie con una spatola da pasticceria.

4. Cuocere in forno caldo per 75-80 minuti (175°C). Controllare la cottura della torta con la prova stecchino: se asciutto, la torta sarà cotta. Se la superficie si scurisce eccessivamente durante la cottura, coprire la torta con un foglio di alluminio, così da evitare che si secchi. Togliere con attenzione dal forno e lasciare raffreddare completamente all'interno della tortiera. Nel frattempo, preparare il frosting.

Frosting al formaggio

5. Nel boccale pulito e asciutto, mettere lo zucchero e la scorza del limone, polverizzare: **20 sec./vel. 10**. Riunire sul fondo con la spatola.

6. Aggiungere il burro e il formaggio fresco spalmabile, mescolare: **1 min. 30 sec./vel. 4**. Trasferire il frosting in una ciotola, coprire con pellicola trasparente e riporre in frigorifero per almeno 30 minuti, affinché si solidifichi.

Terminare la preparazione

7. Sformare la torta e, con un coltello a seghetto, tagliarla orizzontalmente in tre dischi pressappoco della stessa altezza. Pareggiare quello che sarà il disco di chiusura, livellando la superficie.

8. Mettere nel boccale i ritagli di torta e polverizzare: **10 sec./vel. 8**. Trasferire in una ciotola.

9. Sistemare il frosting in una tasca da pasticceria con bocchetta liscia. Adagiare il primo disco di torta su un piatto, ricoprire l'intera superficie con dei ciuffetti di frosting al formaggio (circa ⅓). Posizionarvi sopra il secondo disco di torta e ripetere l'operazione. Chiudere con il terzo disco, coprire tutta la superficie con dei ciuffetti di frosting al formaggio e decorare con la polvere di torta rossa.

10. Servire a fette.

 45 min

 3 h

 16
16 fette

 medio

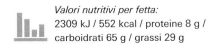
Valori nutritivi per fetta:
2309 kJ / 552 kcal / proteine 8 g /
carboidrati 65 g / grassi 29 g

CONSIGLI
• Dosare il colorante alimentare
sulla base del grado di rosso che
si intende conferire alla torta.

CURIOSITÀ E INFORMAZIONI
• La torta Red Velvet, o Red Velvet cake, letteralmente "Torta di velluto rosso", è
una torta di origine americana, la cui particolarità sta, oltre che nel suo sapore
leggermente acidulo, nel suo coloro rosso, che entra in contrasto con il bianco
del frosting al formaggio. La ricetta della torta risale probabilmente ai primi anni
del '900, periodo in cui veniva servita nel ristorante The Waldorf Astoria Hotel.

RAINBOW CAKE
(TORTA ARCOBALENO)

INGREDIENTI

Basi colorate

270 g di burro morbido a pezzi
+ q.b.

400 g di farina tipo 00 + q.b.

430 g di latte

600 g di zucchero

2 cucchiaini di estratto di vaniglia
naturale

2 pizzichi di sale

6 albumi

1 bustina di lievito in polvere
per dolci

colorante alimentare in polvere
viola, azzurro, verde, giallo,
arancione e rosso q.b.

Crema al formaggio

70 g di zucchero

500 g di panna (min. 30% di grassi)
fredda

500 g di formaggio fresco
spalmabile

100 g di ricotta fresca,
scolata dal siero

1 cucchiaio di estratto di vaniglia
naturale

Terminare la preparazione

250 g di panna (min. 30% di grassi)
fredda

50 g di codette colorate (opzionale)

PREPARAZIONE

Basi colorate

1. Preriscaldare il forno a 180°C. Imburrare e infarinare 3 tortiere con fondo apribile (Ø 24 cm).

2. Mettere nel boccale 215 g di latte, 135 g di burro, 300 g di zucchero, 200 g di farina 00, 1 cucchiaino di estratto di vaniglia, 1 pizzico di sale e 3 albumi, mescolare: **30 sec./vel. 5**.

3. Unire ½ bustina di lievito, amalgamare: **10 sec./vel. 4**. Suddividere equamente il composto in 3 ciotole (circa 320 g in ognuna).

4. Nella prima ciotola aggiungere una punta di colorante viola, nella seconda il colorante azzurro e nella terza il colorante verde. Amalgamare bene i colori fino a raggiungere l'intensità desiderata (vedere consigli). Trasferire i composti colorati nelle 3 tortiere preparate.

5. Cuocere in forno caldo per 15 minuti (180°C) (vedere consigli). Nel frattempo, sistemare sul piano di lavoro 3 fogli di carta forno e imburrarli leggermente. Togliere con attenzione dal forno, lasciare intiepidire le torte nelle tortiere, poi sformarle sistemando i dischi colorati sui fogli di carta forno preparati.

6. Imburrare ed infarinare nuovamente le 3 tortiere.

7. Mettere nel boccale 215 g di latte, 135 g di burro, 300 g di zucchero, 200 g di farina 00, 1 cucchiaino di estratto di vaniglia, 1 pizzico di sale e 3 albumi, mescolare: **30 sec./vel. 5**.

8. Unire ½ bustina di lievito e amalgamare: **10 sec./vel. 4**. Suddividere equamente il composto in 3 ciotole (circa 320 g in ognuna).

9. Nella prima ciotola unire il colorante giallo, nella seconda il colorante arancione e nella terza il colorante rosso. Amalgamare bene i colori fino a raggiungere l'intensità desiderata (vedere consigli) e trasferire i composti colorati nelle 3 tortiere preparate.

10. Cuocere in forno caldo per 15 minuti (180°C) (vedere consigli). Nel frattempo, sistemare sul piano di lavoro 3 fogli di carta forno e imburrarli leggermente. Togliere con attenzione dal forno, lasciare intiepidire le torte nelle tortiere, poi sformarle sistemando i dischi colorati sui fogli di carta forno preparati.

Continua a pagina **62** ▶

 1 h 30 min 4 h 30 min 18 fette medio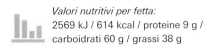

Valori nutritivi per fetta:
2569 kJ / 614 kcal / proteine 9 g / carboidrati 60 g / grassi 38 g

▶ Continua da pag **60**

UTENSILI UTILI

3 tortiere con fondo apribile
   (Ø 24 cm)
3 ciotole
carta forno
spatola da pasticceria
tasca da pasticceria e beccucci
spatola a gomito in metallo

Crema al formaggio

11. Mettere nel boccale lo zucchero e polverizzare: **10 sec./vel. 10**. Trasferire in un ciotola e tenere da parte.

12. **Posizionare la farfalla**. Mettere nel boccale la panna e montare a **vel. 3**, fino a raggiungere il grado di montatura desiderato (panna montata). **Togliere la farfalla**. Trasferire la panna montata in una ciotola e riporre in frigorifero.

13. Mettere nel boccale il formaggio spalmabile, la ricotta, l'estratto di vaniglia e lo zucchero a velo tenuto da parte, amalgamare: **20 sec./vel. 3**. Trasferire la crema in una ciotola capiente e, con una spatola da pasticceria, incorporare delicatamente poco per volta la panna montata con movimenti dal basso verso l'alto.

Composizione della torta

14. Sistemare la torta di colore viola su un piatto da torta, spalmare in superficie 4 cucchiai di crema al formaggio, disporvi sopra la torta di colore azzurro e proseguire alternando le torte colorate con strati di crema al formaggio, seguendo questo ordine di colore: verde, giallo, arancione e rosso. Riporre in frigorifero per 2 ore.

Terminare la preparazione

15. **Posizionare la farfalla**. Mettere nel boccale la panna e montare a **vel. 3**, fino a raggiungere il grado di montatura desiderato (panna montata). **Togliere la farfalla**. Trasferire $2/3$ della panna montata in una ciotola e $1/3$ in una tasca da pasticceria con bocchetta festonata.

16. Con una spatola a gomito, spalmare la panna montata su tutta la superficie della torta in modo da ricoprirla completamente. Decorare con dei ciuffetti di panna intorno al bordo della superficie della torta e sulla base e decorare polverizzando a piacere con le codette colorate.

17. Servire a fette.

CONSIGLI

- Sulla base dell'intensità di colore che si desidera dare alle torte colorate, aumentare o diminuire la quantità di colorante da aggiungere all'impasto.
- In base alla dimensione del forno di casa, cuocere le torte tutte e 3 contemporaneamente, oppure una o due per volta.
- La "torta arcobaleno" è la classica torta americana arrivata in Italia in questi ultimi anni. Colorata e divertente, la Rainbow cake è adatta per le feste di compleanno dei bambini.

TORTA ALLE 3 MOUSSE

INGREDIENTI

Base

80 g di burro a pezzi + q.b.

60 g di farina tipo 00 + q.b.

1 cucchiaio di latte

1 uovo (da 60 g)

85 g di zucchero

2 cucchiaini di estratto di vaniglia naturale

30 g di cacao amaro in polvere

½ cucchiaino di lievito in polvere per dolci

Mousse cioccolato e cacao

90 g di cioccolato fondente (70% di cacao) a pezzi

50 g di zucchero

500 g di panna (min. 30% di grassi) fredda

1 cucchiaino di cacao amaro in polvere

1 foglio di gelatina (2 g), ammollato in acqua fredda per 10 minuti e strizzato

2 cucchiai di acqua

Mousse cioccolato fondente

30 g di latte intero

1 foglio di gelatina (2 g), ammollato in acqua fredda per 10 minuti e strizzato

Mousse cioccolato bianco

80 g di cioccolato bianco a pezzi

1 cucchiaino di estratto di vaniglia naturale

20 g di latte intero

1 foglio di gelatina (2 g), ammollato in acqua fredda per 10 minuti e strizzato

PREPARAZIONE

Base

1. Preriscaldare il forno a 170°C. Imburrare e infarinare una tortiera con fondo apribile dai bordi alti (Ø 16 cm) e tenere da parte.

2. Mettere nel boccale il burro e sciogliere: **3 min./70°C/vel. 1**.

3. Aggiungere il latte, l'uovo, lo zucchero, la farina 00, la vaniglia e il cacao, mescolare: **20 sec./vel. 4**.

4. Unire il lievito, amalgamare: **10 sec./vel. 4**. Trasferire il composto nella tortiera preparata.

5. Cuocere in forno caldo per 18-20 minuti (170°C). Controllare la cottura della torta effettuando la prova stecchino: se è asciutto, la torta sarà cotta. Togliere con attenzione dal forno e lasciare raffreddare completamente, poi sformare la torta.

6. Rivestire i bordi della tortiera con un foglio di acetato (vedere consigli) e riposizionare al suo interno la base della torta.

Mousse cioccolato e cacao

7. Mettere nel boccale il cioccolato fondente e tritare: **10 sec./vel. 8**. Riunire sul fondo con la spatola.

8. Tritare ancora: **5 sec./vel. 8**. Trasferire in una ciotola

9. Mettere nel boccale lo zucchero e polverizzare: **10 sec./vel. 10**. Riunire sul fondo con la spatola.

10. **Posizionare la farfalla**. Mettere nel boccale la panna e montare a **vel. 3**, fino a raggiungere il grado di montatura desiderato (panna montata). **Togliere la farfalla**. Trasferire 165 g di panna montata in una ciotola. Trasferire anche la rimanente in una ciotola e riporre in frigorifero.

11. Unire nella ciotola con i 165 g di panna montata, il cacao e 10 g del cioccolato fondente tritato incorporandoli poco per volta con una spatola da pasticceria, con movimenti delicati dal basso verso l'alto.

12. In un pentolino, sciogliere a fuoco dolce il foglio di gelatina insieme ad 2 cucchiai di acqua e amalgamarla alla mousse al cioccolato mescolando delicatamente.

13. Versare la mousse sulla base di cioccolato, livellare con una spatola a gomito e riporre nella parte più fredda del frigorifero per 1 ora. A 15 minuti dal termine del tempo di riposo, preparare la mousse al cioccolato fondente.

Continua a pagina **66** ▶

 1 h 5 h 30 min 8 fette medio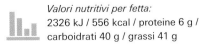

Valori nutritivi per fetta:
2326 kJ / 556 kcal / proteine 6 g / carboidrati 40 g / grassi 41 g

▶ Continua da pag **64**

UTENSILI UTILI

tortiera a bordi alti (Ø 16 cm)
stecchini in legno per spiedini
foglio di acetato
ciotola
spatola da pasticceria
pentolino
spatola a gomito in metallo

Mousse cioccolato fondente

14. Mettere nel boccale gli 80 g di cioccolato fondente tritato rimasti e il latte, sciogliere: **5 min./70°C/vel. 1**.
15. Unire la gelatina e amalgamare: **15 sec./vel. 3**. Lasciare intiepidire per qualche minuto, spatolando di tanto in tanto.
16. Prendere dal frigorifero la panna montata e trasferirne 165 g in una ciotola. Con la spatola da pasticceria, incorporare delicatamente poco per volta il cioccolato sciolto alla panna montata, con movimenti dal basso verso l'alto.
17. Riprendere la tortiera dal frigorifero e versare la mousse al cioccolato fondente sopra la mousse al cioccolato e cacao, livellare con la spatola a gomito e riporre la tortiera sempre nella parte più fredda del frigorifero per 1 ora. A 30 minuti dal termine del tempo di riposo, preparare la mousse al cioccolato bianco.

Mousse cioccolato bianco

18. Nel boccale pulito e asciutto, mettere il cioccolato bianco, l'estratto di vaniglia e il latte, sciogliere: **3 min./80°C/vel. 1**.
19. Aggiungere il foglio di gelatina e amalgamare: **15 sec./vel. 3**. Lasciare intiepidire per qualche minuto, spatolando di tanto in tanto.
20. Riprendere la panna montata rimasta e incorporarvi poco per volta il cioccolato sciolto con la spatola da pasticceria, con movimenti dal basso verso l'alto.
21. Prendere la tortiera dal frigorifero e versare la mousse al cioccolato bianco sopra quella al cioccolato fondente e livellare con la spatola a gomito. Riporre nuovamente in frigorifero nella parte più fredda per almeno 2 ore.
22. Sformare delicatamente la torta dallo stampo e sistemarla su piatto da portata.
23. Servire subito (vedere consigli).

CONSIGLI

- Se non si possiede il foglio di acetato è possibile sostituirla con della carta forno. Tagliare un foglio di carta forno della stessa altezza del bordo della tortiera, poi dividerlo a metà (Foto 1 e 2). Imburrare i bordi della tortiera (Foto 3) e attaccarvi la carta forno, facendola aderire bene ed eliminando eventuali increspature (Foto 4). In questo modo, nel momento in cui la torta verrà sformata, i bordi risulteranno lisci, senza imperfezioni.
- A piacere, decorare la superficie della torta con qualche decoro fatto con del cioccolato fuso oppure glassarla completamente. Mettere nel boccale 50-100 g di cioccolato fondente a pezzi e tritare: **10 sec./vel.8**. Aggiungere 20-40 g di latte e sciogliere: **3 min./50°C/vel. 2**. Lasciare intiepidire e procedere con la decorazione.

TORTA DANESE MULTISTRATO

INGREDIENTI

Pan di Spagna

burro q.b.

120 g di farina tipo 00 + q.b.

4 uova (da 60 g)

3 tuorli

170 g di zucchero

1 stecca di vaniglia, i semini estratti

50 g di fecola di patate

Budino alla vaniglia

80 g di zucchero

1 cucchiaino di estratto di vaniglia
naturale

70 g di amido di mais (maizena)

500 g di latte intero

50 g di burro morbido a pezzi

Crema al burro

400 g di zucchero a velo

200 g di burro morbido a pezzi

15 g di latte

1 cucchiaino di estratto di vaniglia
naturale

Terminare la preparazione

250 g di confettura di lamponi

lamponi freschi a piacere

PREPARAZIONE

Pan di Spagna

1. Preriscaldare il forno a 170°C. Imburrare e infarinare una tortiera con fondo apribile (Ø 20 cm) e tenere da parte.
2. **Posizionare la farfalla**. Mettere nel boccale le uova, i tuorli, lo zucchero e i semini di vaniglia, montare: **15 min./40°C/vel. 4**. Nel frattempo, in una ciotola, setacciare la farina 00 e la fecola di patate. **Togliere la farfalla** e trasferire il composto in una ciotola capiente.
3. Con una spatola da pasticceria, incorporare al composto poco per volta le polveri setacciate, con movimenti dal basso verso l'alto. Versare il composto nella tortiera preparata e livellare in maniera uniforme la superficie.
4. Cuocere in forno caldo per 25-30 minuti (170°C). Verificare la cottura effettuando la prova stecchino: se è asciutto, il pan di Spagna sarà cotto. Togliere con attenzione dal forno e lasciare raffreddare completamente. Nel frattempo, preparare il budino alla vaniglia.

Budino alla vaniglia

5. Nel boccale pulito e asciutto, mettere lo zucchero, la vaniglia, l'amido di mais, il latte e il burro, cuocere: **7 min./90°C/vel. 4**. Trasferire il budino in una ciotola, coprire con pellicola trasparente a contatto e fare raffreddare completamente a temperatura ambiente.

Crema al burro

6. Nel boccale pulito e asciutto, mettere lo zucchero a velo, il burro, il latte e la vaniglia, mescolare: **1 min./vel. 4**. Riunire sul fondo con la spatola.
7. Mescolare ancora: **20 sec./vel. 4**. Riunire sul fondo con la spatola.
8. **Posizionare la farfalla** e montare: **1 min./vel. 3**. **Togliere la farfalla**. Trasferire in una ciotola, coprire con pellicola trasparente e riporre in frigorifero sino al momento di utilizzare.

Continua a pagina **70** ▶

 45 min

 4 h

 12 fette

 medio

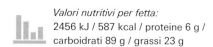 *Valori nutritivi per fetta:*
2456 kJ / 587 kcal / proteine 6 g /
carboidrati 89 g / grassi 23 g

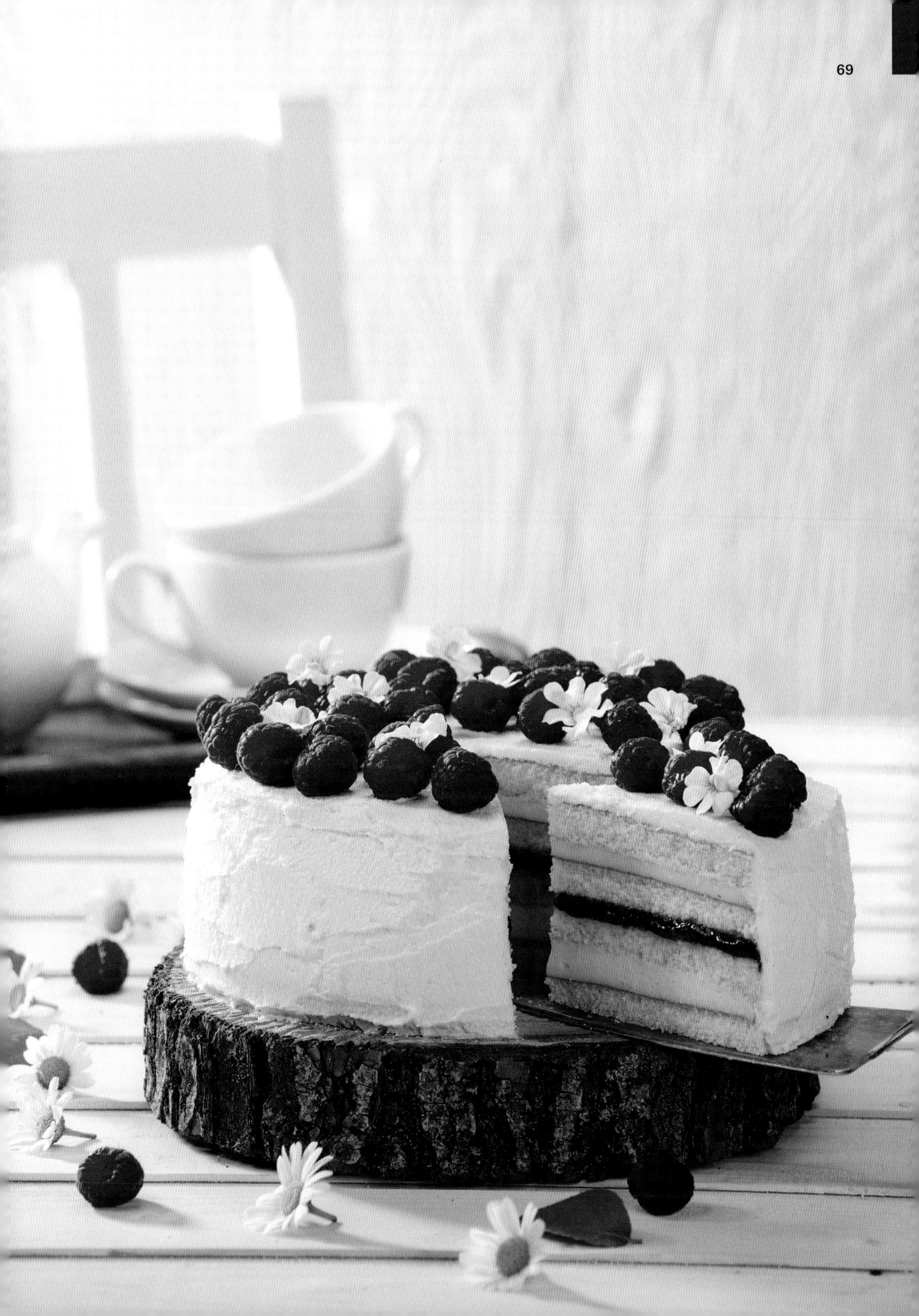

▶ Continua da pagina **68**

UTENSILI UTILI

tortiera con fondo apribile
(Ø 20 cm)
ciotola capiente
spatola da pasticceria
stecchini in legno per spiedini
pellicola trasparente
coltello seghettato
spatola a gomito in metallo

Terminare la preparazione

9. Sformare la torta e, con un coltello a lama seghettata tagliarla orizzontalmente in 4 dischi pressappoco della stessa altezza.

10. Disporre su un piatto da torta il primo disco di pan di Spagna e con una spatola a gomito spalmare sulla superficie metà del budino alla vaniglia. Coprire con il secondo disco e spalmarvi in superficie la confettura di lamponi. Coprire con il terzo disco, spalmarlo con il budino alla vaniglia rimasto e chiudere con il quarto disco.

11. Stendere su tutta la superficie della torta la crema al burro, in modo da coprirla completamente e riporre in frigorifero per almeno 2 ore.

12. Togliere la torta dal frigorifero e lasciare a temperatura ambiente per 10 minuti.

13. Decorare a piacere con lamponi freschi e servire a fette.

TORTA A STRATI MASCARPONE E LAMPONI

INGREDIENTI

Torta

burro q.b.

240 g di farina tipo 00 + q.b.

150 g di carote, pelate e a pezzi
(2 cm circa)

1 cm di radice fresca di zenzero,
pelata

120 g di mandorle pelate

4 uova (da 60 g)

80 g di latte

PREPARAZIONE

Torta

1. Preriscaldare il forno a 180°C. Imburrare ed infarinare due tortiere con fondo apribile (Ø 20 cm).
2. Mettere nel boccale le carote, lo zenzero e le mandorle, tritare: **10 sec./vel. 9**. Riunire sul fondo con la spatola.
3. Tritare ancora: **10 sec./vel. 9**. Riunire sul fondo con la spatola.

Continua a pagina **72** ▶

▶ Continua da pagina **71**

100 g di olio di semi di girasole
210 g di zucchero
1 pizzico di sale
1 cucchiaio di semi di papavero
    (opzionale)
1 cucchiaino di cannella in polvere
1 bustina di lievito in polvere
    per dolci

Crema mascarpone
120 g di zucchero
500 g di panna (35% di grassi),
    fredda
500 g di mascarpone

Terminare la preparazione
250 g di lamponi freschi
cioccolato fondente in granella,
    a piacere

UTENSILI UTILI
2 tortiere con fondo apribile
    (Ø 20 cm)
ciotola
spatola da pasticceria
coltello seghettato
spatola a gomito in metallo
stecchini in legno per spiedini

4. Aggiungere le uova, il latte, l'olio di girasole, lo zucchero, la farina 00, il sale, a piacere i semi di papavero e la cannella, mescolare: **1 min./vel. 5**.
5. Unire il lievito, amalgamare: **20 sec./vel. 4**. Trasferire il composto dividendolo equamente tre le due tortiere preparate.
6. Cuocere in forno caldo per 30 minuti (180°C). Controllare la cottura della torta con la prova stecchino: se è asciutto, la torta sarà cotta. Togliere con attenzione dal forno e lasciare raffreddare completamente nelle tortiere prima di sformare. Nel frattempo, preparare la crema al mascarpone.

Crema mascarpone
7. Mettere nel boccale lo zucchero e polverizzare: **10 sec./vel. 10**. Trasferire in un ciotola e tenere da parte.
8. **Posizionare la farfalla**. Mettere nel boccale la panna e montare a **vel. 3**, fino a raggiungere il grado di montatura desiderato (panna montata). **Togliere la farfalla**. Trasferire la panna montata in una ciotola e riporre in frigorifero.
9. Mettere nel boccale il mascarpone e lo zucchero a velo, amalgamare: **10 sec./vel. 3**. Trasferire la crema in una ciotola e, con una spatola da pasticceria, incorporare la panna montata poco per volta con movimenti dal basso verso l'alto.

Terminare la preparazione
10. Sformare le torte e, con un coltello seghettato, tagliarle a metà orizzontalmente.
11. Adagiare su un piatto da portata piano da torta un primo disco, spalmare sulla superficie qualche cucchiaio di crema al mascarpone (200 g circa) con una spatola a gomito e distribuirvi sopra 1/3 dei lamponi. Ricoprire con un altro disco e procedere con gli strati chiudendo con il quarto disco di torta. Coprire tutta la superficie della torta con la crema al mascarpone rimasta (400 g circa) spalmandola in maniera omogenea con la spatola a gomito.
12. Decorare la superficie con i lamponi rimasti e della granella di cioccolato a piacere. Riporre in frigorifero per almeno 3 ore.
13. Servire a fette.

VARIANTI
• A piacere, unire alla crema al mascarpone della pasta di pistacchio.

---

 1 h   5 h   12 fette   medio   *Valori nutritivi per fetta:*
2757 kJ / 659 kcal / proteine 10 g /
carboidrati 51 g / grassi 46 g

TORTA A SCACCHI

INGREDIENTI

Copertura al cioccolato

200 g di panna (35% di grassi)
200 g di cioccolato fondente
(70% di cacao) a pezzi

Torta chiara

burro q.b.
150 di farina tipo 00 + q.b.
50 g di mandorle pelate
4 uova (da 60 g)
80 g di succo di arancia,
spremuto fresco e filtrato
130 g di olio di semi di girasole
200 g di zucchero
20 g di miele millefiori
½ bustina di lievito in polvere
per dolci
1 pizzico di sale

Torta scura

4 uova (da 60 g)
80 g di succo di arancia,
spremuto fresco e filtrato
130 g di olio di semi di girasole
200 g di zucchero
20 g di miele millefiori
150 g di farina tipo 00
50 g di cacao amaro in polvere
½ bustina di lievito in polvere
per dolci
1 pizzico di sale

Composizione della torta

200 g di marmellata di arance

PREPARAZIONE

Copertura al cioccolato

1. Mettere nel boccale la panna e scaldare: **4 min./90°C/vel. 1**.
2. Aggiungere il cioccolato fondente e sciogliere: **2 min./90°C/vel. 2**. Trasferire la ganache in una ciotola, coprire con pellicola trasparente a contatto e fare raffreddare a temperatura ambiente, poi riporre in frigorifero per almeno 3-4 ore, finché non risulterà una crema compatta, ma spalmabile.

Torta chiara

3. Preriscaldare il forno a 170°C. Imburrare e infarinare due tortiere con fondo apribile (Ø 18 cm, bordo 10 cm).
4. Mettere nel boccale le mandorle e la farina 00, polverizzare: **30 sec./vel. 10**. Riunire sul fondo con la spatola.
5. Aggiungere le uova, il succo di arancia, l'olio di girasole, lo zucchero e il miele, mescolare: **30 sec./vel. 5**.
6. Unire il lievito e il sale, amalgamare: **20 sec./vel. 4**. Trasferire il composto in una delle due tortiere preparate.

Torta scura

7. Mettere nel boccale le uova, il succo di arancia, l'olio di girasole, lo zucchero, il miele, la farina 00 e il cacao, mescolare: **30 sec./vel. 5**.
8. Unire il lievito e il sale, amalgamare: **20 sec./vel. 4**. Trasferire il composto nella seconda tortiera.
9. Cuocere in forno caldo per 65-70 minuti (170°C). Verificare la cottura delle torte con la prova stecchino: se è asciutto, le torte saranno cotte. Togliere con attenzione dal forno e lasciare raffreddare completamente all'interno delle tortiere.

Continua a pagina **76** ▶

 1 h   7 h   10 fette   medio   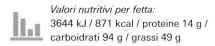 Valori nutritivi per fetta:
3644 kJ / 871 kcal / proteine 14 g /
carboidrati 94 g / grassi 49 g

► Continua da pagina **74**

UTENSILI UTILI

ciotola
pellicola trasparente
2 tortiere con fondo apribile
 (Ø 18 cm)
stecchini in legno per spiedini
coltello seghettato
coppapasta (Ø 6 cm)
coppapasta (Ø 12 cm)
piatto da portata
pentolino
pennello da pasticceria
spatola a gomito in metallo

Composizione della torta

10. Sformare le torte e, con un coltello seghettato, tagliare in senso orizzontale ciascuna in 3 dischi di uguale altezza. Con due coppapasta (Ø 12 cm e Ø 6 cm), ritagliare ciascun disco in 3 cerchi di diverse dimensioni (piccolo, medio e grande)(Foto 1).

11. In un pentolino far sciogliere leggermente la marmellata di arance. Adagiare su un piatto da portata piano il primo cerchio grande della torta chiara e inserire al suo interno il cerchio medio della torta scura e poi all'interno di questo adagiarvi il disco piccolo della torta chiara (Foto 2). Spennellare bene la superficie e i bordi con la marmellata di arance (Foto 3).

12. Proseguire componendo un altro strato, iniziando dal cerchio grande della torta scura, inserirne il cerchio medio della torta chiara e completare con il cerchio piccolo della torta scura. Spennellare con la marmellata di arance e proseguire alternando i colori e spalmando ogni strato con la marmellata di arance, ottenendo così una torta di 6 strati (Foto 4).

13. Riprendere la ganache al cioccolato e ricoprire completamente tutta la superficie e i bordi della torta spalmando la ganache in maniera omogenea con una spatola da pasticceria a gomito (vedere consigli).

14. Servire.

CONSIGLI

• Se la ganache dovesse risultare troppo dura, ammorbidirla mettendola nel boccale e sciogliere: **1 min./37°C/vel. 2**, poi coprire la torta.
• La torta a scacchi si conserva in frigorifero per un massimo di 2 giorni.

NAKED CAKE AL CIOCCOLATO

INGREDIENTI

Torta

burro q.b.

380 g di farina tipo 00 + q.b.

2 uova (da 60 g)

250 g di latte

110 g di yogurt bianco naturale

100 g di olio di semi di girasole

240 g di zucchero

PREPARAZIONE

Torta

1. Preriscaldare il forno a 180°C. Imburrare e infarinare 3 tortiere con fondo apribile (Ø 20 cm).
2. Mettere nel boccale le uova, il latte, lo yogurt, l'olio di girasole, lo zucchero, la farina 00 e il cacao, mescolare: **30 sec./vel. 5**.
3. Unire il lievito e amalgamare: **20 sec./vel. 4**. Trasferire il composto suddividendolo equamente nelle 3 tortiere preparate e livellare la superficie con una spatola da pasticceria.

Continua a pagina **78** ▶

▶ Continua da pagina **77**

60 g di cacao amaro in polvere
1 bustina di lievito in polvere
    per dolci

Farcitura
60 g di zucchero
350 g di panna (min. 30% di grassi)
    fredda
250 g di mascarpone

UTENSILI UTILI
3 tortiere con fondo apribile
    (Ø 20 cm)
spatola da pasticceria
stecchini in legno per spiedini
ciotola capiente

4. Cuocere in forno caldo per 25 minuti (180°C) (vedere consigli). Controllare la cottura delle torte effettuando la prova stecchino: se è asciutto, le torte saranno cotte. Togliere con attenzione dal forno e lasciare raffreddare completamente le torte all'interno delle tortiere.
5. Lavare ed asciugare il boccale.

Farcitura

6. Mettere nel boccale lo zucchero e polverizzare: **10 sec./vel. 10**. Trasferire in un ciotola e tenere da parte.
7. **Posizionare la farfalla**. Mettere nel boccale la panna e montare a **vel. 3**, fino a raggiungere il grado di montatura desiderato (panna montata). **Togliere la farfalla**. Trasferire la panna montata in una ciotola e riporre in frigorifero.
8. Mettere nel boccale il mascarpone e lo zucchero a velo tenuto da parte, amalgamare: **10 sec./vel. 3**. Trasferire la crema in una ciotola capiente e incorporare la panna montata poco per volta, mescolando delicatamente dal basso verso l'alto, con una spatola da pasticceria.

Terminare la preparazione

9. Sformare le torte e posizionare la prima torta su un'alzatina. Spalmare sulla superficie della torta ¹/₃ della crema al mascarpone senza sporcare i bordi, adagiarvi la seconda torta e spalmarla con ¹/₃ della crema al mascarpone, poi chiudere con la terza torta e finire con l'ultimo strato di crema al mascarpone. Riporre in frigorifero per 3 ore.
10. Togliere dal frigorifero e servire a fette.

CONSIGLI
• Sulla base della dimensione del forno, infornare le torte tutte e 3 insieme, oppure una o due per volta.

CURIOSITÀ
• La "Naked Cake" è una "torta nuda", cioè non prevede i classici rivestimenti con creme, glasse, pasta di zucchero o altro.
La sua principale caratteristica è il tipo di farcitura e di decorazione che le accompagna ed è la scelta di questi elementi che la rende elegante e spettacolare allo stesso tempo.

---

 30 min   4 h   12 fette   medio   *Valori nutritivi per fetta:* 2272 kJ / 543 kcal / proteine 9 g / carboidrati 54 g / grassi 33 g

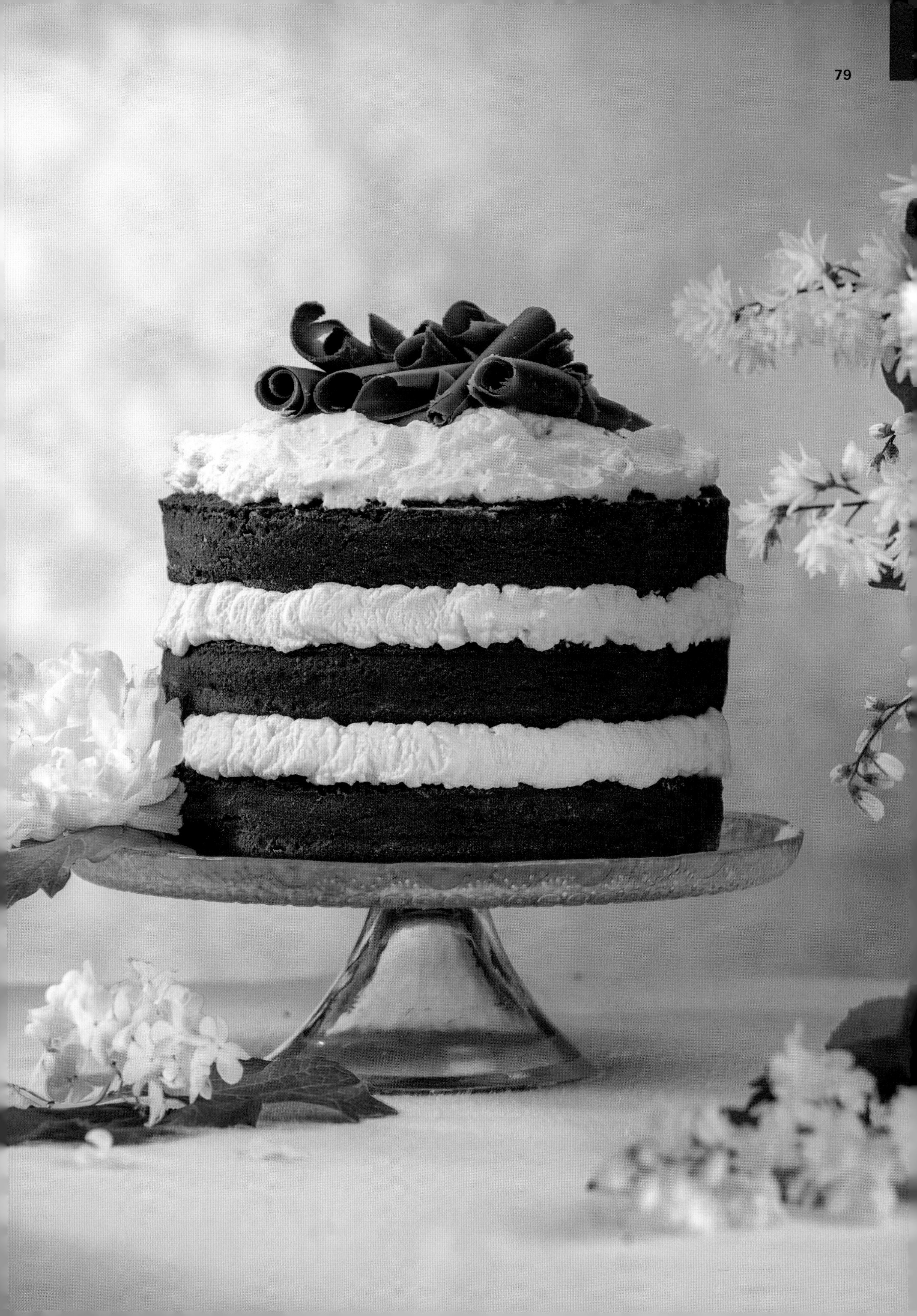

TORTA CAPPUCCINO

INGREDIENTI

Pan di Spagna
burro q.b.
120 g di farina tipo 00 + q.b.
4 uova (da 60 g)
3 tuorli
170 g di zucchero
½ stecca di vaniglia,
    i semini estratti
50 g di fecola di patate

Crema cappuccino
500 g di latte intero
4 tuorli
100 g di zucchero
80 g di frumina
20 g di caffè solubile
200 g di panna (min. 30% di grassi)
    fredda

Bagna al caffè
200 g di acqua
50 g di zucchero
90 g di caffè espresso

Terminare la preparazione
cacao amaro in polvere, a piacere

PREPARAZIONE

Pan di Spagna

1. Preriscaldare il forno a 170°C. Imburrare e infarinare una tortiera con fondo apribile (Ø 20 cm) e tenere da parte.
2. **Posizionare la farfalla**. Mettere nel boccale le uova, i tuorli, lo zucchero e i semini di vaniglia, montare: **15 min./40°C/vel. 4**. Nel frattempo, in una ciotola, setacciare la farina 00 e la fecola di patate. **Togliere la farfalla** e trasferire il composto in una ciotola capiente.
3. Con una spatola da pasticceria, incorporare poco per volta le polveri setacciate al composto, con movimenti dal basso verso l'alto.
4. Versare il composto nella tortiera e cuocere in forno caldo per 25-30 minuti (170°C). Verificare la cottura effettuando la prova stecchino: se è asciutto, il pan di Spagna sarà cotto. Togliere con attenzione dal forno, sformare il pan di Spagna sulla gratella del forno e lasciare raffreddare.

Crema cappuccino

5. Nel boccale pulito, mettere il latte, i tuorli, lo zucchero e la frumina, cuocere: **7 min./90°C/vel. 4**.
6. Aggiungere il caffè e mescolare: **10 sec./vel. 4**. Trasferire la crema in una ciotola, coprire con pellicola trasparente a contatto e fare raffreddare completamente a temperatura ambiente. Pulire e asciugare il boccale.
7. **Posizionare la farfalla**. Mettere nel boccale la panna e montare a **vel. 3**, fino a raggiungere il grado di montatura desiderato (panna montata). **Togliere la farfalla**.
8. Incorporare poco per volta la panna montata alla crema pasticcera al caffè con la spatola da pasticceria, con movimenti delicati dal basso verso l'alto. Coprire con pellicola trasparente e riporre in frigorifero sino al momento di utilizzare.

Continua a pagina **82** ▶

 45 min   2 h   8 fette   medio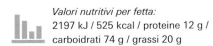

Valori nutritivi per fetta:
2197 kJ / 525 kcal / proteine 12 g / carboidrati 74 g / grassi 20 g

▶ Continua da pagina **80**

UTENSILI UTILI

tortiera con fondo apribile
   (Ø 20 cm)
ciotola capiente
colino a maglia fine
spatola da pasticceria
stecchini in legno per spiedini
gratella
pellicola trasparente
coltello seghettato
tasca da pasticceria e beccucci

Bagna al caffè

9. Nel boccale pulito, mettere l'acqua e lo zucchero, scaldare:
5 min./90°C/vel. 2.
10. Unire il caffè espresso e mescolare: **10 sec./vel. 2**. Trasferire in una ciotolina e lasciare raffreddare completamente.

Terminare la preparazione

11. Con un coltello seghettato tagliare il pan di Spagna a metà orizzontalmente in due dischi da 2.5 cm circa ciascuno. Sistemare la crema cappuccino in una tasca da pasticceria con bocchetta liscia.
12. Disporre su un piatto da portata il primo disco, bagnarne la superficie con metà della bagna al caffè e farcire la torta con circa $2/3$ della crema al cappuccino. Posizionare il secondo disco di pan di Spagna e bagnarlo in superficie con la restante bagna al caffè. Spalmare la superficie e i bordi della torta con la crema al cappuccino restante e sulla parte superiore, con l'aiuto di un coltello, formare delle onde, schiacciando la striscia di crema dal centro della torta verso l'esterno.
13. Spolverizzare con cacao amaro e servire.

CONSIGLI

• La torta cappuccino si conserva in frigorifero per al massimo 2 giorni.

TORTA DOBOS

INGREDIENTI

Pan di Spagna

8 uova (da 60 g)
200 g di zucchero
200 g di farina tipo 00
1 pizzico di sale
1 stecca di vaniglia, i semini estratti
10 g di lievito in polvere per dolci

PREPARAZIONE

Pan di Spagna

1. Preriscaldare il forno a 200°C. Foderare la placca con carta forno e sistemarvi al centro un anello in acciaio da pasticceria (Ø 22 cm).
2. Mettere nel boccale le uova, lo zucchero, la farina 00, il sale e la vaniglia, mescolare: **30 sec./vel. 4**.
3. Unire il lievito, amalgamare: **20 sec./vel. 4**. Trasferire 110 g di composto in tasca da pasticceria con beccuccio liscio.
Con dei movimenti circolari, formare un disco all'interno dell'anello di acciaio facendo scendere il composto dalla tasca da pasticceria.

Continua a pagina **84** ▶

▶ Continua da pagina **83**

Crema al burro
160 g di zucchero
45 g di cacao amaro in polvere
+ q.b.
460 g di burro a temperatura
ambiente a tocchetti (2-3 cm)
+ q.b.
175 g di latte intero

Terminare la preparazione
200 g di zucchero
80 g di acqua

UTENSILI UTILI
placca del forno
carta forno
stampo ad anello (Ø 22 cm)
tasca da pasticceria e beccucci
gratella
padellino antiaderente
spatola a gomito in metallo
coltello a lama liscia

4. Cuocere in forno caldo per 7-8 minuti (200°C). Togliere con attenzione dal forno e lasciare intiepidire.
5. Estrarre delicatamente il disco di pan di Spagna sfilando l'anello di acciaio e sistemarlo su una gratella. Ripetere l'operazione per altre 5 volte, ottenendo complessivamente 6 dischi. A termine, lasciare raffreddare completamente i dischi.

Crema al burro

6. Mettere nel boccale lo zucchero e il cacao, polverizzare: **15 sec./vel. 10**. Riunire sul fondo con la spatola.
7. **Posizionare la farfalla**. Unire il burro e il latte, mescolare: **5 min./vel. 3**. **Togliere la farfalla** e trasferire la crema al burro in una tasca da pasticceria con bocchetta liscia (vedere consigli).

Terminare la preparazione

8. Dei 6 dischi di pan di Spagna, tenerne 1 da parte per la decorazione al caramello. Sistemare su un piatto da torta un primo disco di pan di Spagna, ricoprirlo con uno strato di crema al burro, spolverizzare a piacere con un po' di cacao e posizionare sopra un altro disco di pan di Spagna e proseguire con gli strati, terminando con uno strato di crema al burro. Riporre la torta in frigorifero sino al momento di servire.
9. In un padellino antiaderente, mettere lo zucchero e l'acqua e, sul fuoco a fiamma media, senza mescolare, far sciogliere lo zucchero, sino a che assumerà il colore dorato del caramello.
10. Riprendere il disco di pan di Spagna tenuto da parte e adagiarlo su un foglio di carta forno. Versare il caramello sopra il disco e, aiutandosi con una spatola a gomito, stenderlo ricoprendone tutta la superficie (Foto 1). Lasciare asciugare per 2-3 minuti. Ungere con un po' di burro un coltello a lama liscia e dividere il disco caramellato in 16 spicchi (Foto 2).
11. Riprendete la torta dal frigorifero e disporvi gli spicchi caramellati a raggiera, formando un ventaglio (Foto 3). Riporre in frigorifero per 1-2 ore.
12. Servire.

CONSIGLI
- Se la crema dovesse risultare troppo morbida lasciarla rassodare in frigorifero per circa 30 minuti, se invece dovesse risultare troppo compatta aggiungere 1-2 cucchiai di latte e mescolare: **20 sec./vel. 3**.

---

 1 h 30 min   3 h 30 min 16 16 fette   medio

Valori nutritivi per fetta:
1945 kJ / 465 kcal / proteine 6 g /
carboidrati 47 g / grassi 28 g

VARIANTI

• A piacere, anziché con il cacao, spolverizzare la superficie della torta con della granella di nocciole.

• Per un gusto più deciso, sostituire 20 g di latte con un liquore a piacere.

CURIOSITÀ E INFORMAZIONI

• La torta Dobos è una torta a strati tipica della tradizione ungherese. È stata inventata dal pasticcere ungherese József C. Dobos nel 1884 e fu presentata per la prima volta all'esibizione nazionale generale di Budapest del 1885. I primi ospiti ad assaggiare la nuova delizia furono Francesco Giuseppe e la consorte Elisabetta. La caratteristica di questa torta è l'ultimo strato di caramello che serviva a mantenerla più a lungo ed evitare si seccasse, in un periodo in cui la refrigerazione non era ancora di uso comune. La ricetta rimase segreta fino a quando Dobos si ritirò e la regalò alla camera dei pasticcieri di Budapest.

1

2

3

GRAVITY CAKE
CON CONFETTI COLORATI

INGREDIENTI

Torta

burro q.b.
200 g di farina tipo 00 + q.b.
3 uova (da 60 g)
250 g di panna (min. 30% di grassi)
250 g di zucchero
50 g di cacao amaro in polvere
1 bustina di lievito in polvere
    per dolci

Farcitura

60 g di zucchero
250 g di latte intero
30 g di amido di mais (maizena)
250 g di panna (min. 30% di grassi)
    fredda

Copertura

120 g di zucchero
20 g di cacao amaro in polvere
350 g di burro a pezzi
120 g di latte intero

Terminare la preparazione

200 g di biscotti a bastoncino,
    ricoperti di cioccolato
50 g di cioccolato fondente
    (70% di cacao) a pezzi
1 cucchiaino di latte
500 g di confetti al cioccolato
    colorati

PREPARAZIONE

Torta

1. Preriscaldare il forno a 180°C. Imburrare ed infarinare una tortiera con fondo apribile (Ø 22 cm).
2. Mettere nel boccale le uova, la panna, lo zucchero, la farina 00 e il cacao, mescolare: **30 sec./vel. 5**.
3. Unire il lievito e amalgamare: **20 sec./vel. 4**. Trasferire il composto nella tortiera preparata e livellare la superficie con una spatola da pasticceria.
4. Cuocere in forno caldo per 60-65 minuti (180°C). Controllare la cottura della torta effettuando la prova stecchino: se è asciutto, la torta sarà cotta. Togliere con attenzione dal forno e lasciare raffreddare completamente all'interno della tortiera prima di sformare.

Farcitura

5. Pulire ed asciugare il boccale. Mettere nel boccale lo zucchero, il latte e l'amido di mais, cuocere: **6 min./90°C/vel. 4**. Trasferire la crema al latte in una ciotola, coprire con pellicola trasparente a contatto e fare raffreddare completamente a temperatura ambiente..
6. **Posizionare la farfalla**. Mettere nel boccale la panna e montare a **vel. 3**, fino a raggiungere il grado di montatura desiderato (panna montata). **Togliere la farfalla**.
7. Con la spatola da pasticceria, incorporare delicatamente la panna montata alla crema al latte, con movimenti dal basso verso l'alto. Coprire la ciotola con pellicola trasparente e riporre in frigorifero fino al momento di utilizzare. Pulire e asciugare il boccale.

Copertura

8. Mettere nel boccale lo zucchero e il cacao, polverizzare: **15 sec./vel. 10**. Riunire sul fondo con la spatola.
9. **Posizionare la farfalla**. Unire il burro e il latte, montare: **3 min./vel. 3**. **Togliere la farfalla**. Trasferire la crema al burro in una ciotola, coprire con pellicola trasparente e tenere da parte in frigorifero.

Continua a pagina **88** ▶

 1 h 30 min
 3 h
 12 fette
 medio
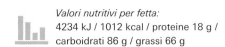 *Valori nutritivi per fetta:*
4234 kJ / 1012 kcal / proteine 18 g /
carboidrati 86 g / grassi 66 g

▶ Continua da pag **86**

UTENSILI UTILI

tortiera con fondo apribile
  (Ø 22 cm)
spatola da pasticceria
stecchini in legno per spiedini
ciotola
pellicola trasparente
coltello seghettato
spatola a gomito in metallo
cannuccia
pennello da pasticceria

Terminare la preparazione

10. Sformare la torta dallo stampo e, con un coltello seghettato, tagliarla orizzontalmente in tre dischi pressappoco della stessa altezza.

11. Disporre su un piatto da torta un primo disco, spalmarvi in superficie la metà della crema al latte, ricoprire con un secondo disco e spalmarlo con la crema al latte rimanente. Chiudere con il terzo disco e, aiutandosi con una spatola a gomito, stendere sulla torta la crema al burro e cacao in modo da coprirla completamente creando uno strato liscio ed omogeneo (Foto 1).

12. Avendo la torta frontale, disporre intorno alla torta i biscotti a bastoncino ricoperti di cioccolato, lasciando un'apertura sul davanti (Foto 2).

13. Mettere nel boccale il cioccolato fondente a pezzi e tritare: **5 sec./vel. 8**. Riunire sul fondo con la spatola.

14. Aggiungere il latte e sciogliere: **2 min./50°C/vel. 2**.

15. Sempre tenendo la torta frontalmente, infilarvi una cannuccia fino a toccare il piatto, posizionandola in alto leggermente sulla sinistra, lasciando 5 cm dal bordo.

16. Spennellare la cannuccia con il cioccolato fuso e distribuire i confetti colorati sulla superficie della torta, facendoli aderire alla cannuccia e debordare sul davanti nell'apertura tra i biscotti, come se fosse una colata (Foto 3).

17. Riempire la busta dei confetti con 2 fogli di carta assorbente o di alluminio accartocciati e infilarla in cima alla cannuccia, fissandola se necessario con un pezzetto di nastro adesivo (Foto 4).

18. Servire.

VARIANTI

• I confetti di cioccolato possono essere sostituiti da caramelle gommose, cioccolatini ecc.

CURIOSITÀ E INFORMAZIONI

• La gravity cake o "torta anti-gravità", è una bellissima torta molto scenografica, che mette in scena un movimento, come una cascata di caramelle o confetti colorati.

TORTA FORESTA NERA

INGREDIENTI

Pan di Spagna al cioccolato

200 g di burro morbido a pezzi
+ q.b.
180 g di farina tipo 00 + q.b.
100 g di cioccolato fondente
(70% di cacao) a pezzi
6 uova (da 60 g)
180 g di zucchero
50 g di cacao amaro in polvere
1 bustina di lievito in polvere
per dolci
1 pizzico di sale

Farcitura

1000 g di panna
(min. 30% di grassi) fredda
80 g di zucchero a velo

Terminare la preparazione

60 g di Kirsch o 60 g di Maraschino
(liquore alle ciliegie)
300 g di ciliegie sciroppate + q.b.
o di amarene sciroppate + q.b.
60 g di acqua
scaglie di cioccolato q.b.

UTENSILI UTILI

tortiera con fondo apribile
(Ø 24 cm)
ciotola
spatola da pasticceria
coltello seghettato
piatto o alzatina per torte
patola a gomito in metallo
tasca da pasticceria e beccucci

PREPARAZIONE

Pan di Spagna al cioccolato

1. Preriscaldare il forno a 180°C. Imburrare ed infarinare una tortiera con fondo apribile (Ø 24 cm).
2. Mettere nel boccale il cioccolato e tritare: **10 sec./vel. 8**. Riunire sul fondo con la spatola.
3. Aggiungere 50 g di burro e sciogliere: **3 min./50°C/vel. 2**. Trasferire in una ciotola a tenere da parte.
4. **Posizionare la farfalla**. Unire le uova e lo zucchero, montare: **5 min./37°C/vel. 3**. **Togliere la farfalla**.
5. Unire la farina 00, il cacao, i 150 g di burro rimasti e il cioccolato fuso, mescolare: **30 sec./vel. 4**.
6. Aggiungere il lievito e un pizzico di sale, amalgamare: **10 sec./vel. 4**. Trasferire il composto nella tortiera preparata e livellare la superficie con una spatola da pasticceria.
7. Cuocere in forno caldo per 45-50 minuti (180°C). Controllare la cottura della torta con la prova stecchino: se è asciutto, la torta sarà cotta. Togliere con attenzione dal forno e lasciare raffreddare completamente all'interno della tortiera. Nel frattempo, pulire e asciugare il boccale e preparare la farcitura.

Farcitura

8. **Posizionare la farfalla**. Mettere nel boccale 500 g di panna e 40 g di zucchero a velo, montare a **vel. 3**, fino a raggiungere il grado di montatura desiderato (panna montata). **Togliere la farfalla**. Trasferire la panna montata in una ciotola.
9. **Posizionare la farfalla**. Mettere nel boccale i restanti 500 g di panna e i 40 g di zucchero a velo rimasti e montare a **vel. 3** sino a raggiungere il grado di montatura desiderato (panna montata). **Togliere la farfalla**, trasferire nella ciotola con la panna montata in precedenza e riporre in frigorifero.

Continua a pagina **92** ▶

 1 h

 3 h

 12 fette

 medio

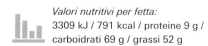
Valori nutritivi per fetta:
3309 kJ / 791 kcal / proteine 9 g /
carboidrati 69 g / grassi 52 g

▶ Continua da pagina **90**

Terminare la preparazione

10. Sformare il pan di Spagna al cioccolato e, con un coltello seghettato, tagliarla orizzontalmente in tre dischi della stessa altezza.

11. In una ciotolina mescolare il liquore con l'acqua. Sistemare su un piatto da torta il primo disco di pan di Spagna, bagnare la superficie con $1/3$ del misto di liquore e acqua, disporvi 150 g di ciliegie con il loro sciroppo e spalmarvi sopra circa $1/3$ della panna montata. Adagiarvi il secondo disco di pan di Spagna, bagnarlo con $1/3$ del misto di liquore e acqua e guarnirlo come lo strato precedente. Chiudere con il terzo disco di pan di Spagna, bagnarlo con il rimanente liquido e, con una spatola a gomito, stendere la panna montata rimasta (lasciandone un pochino da parte per la guarnizione finale) in modo da ricoprire tutta la superficie della torta.

12. Sistemare la panna montata lasciata da parte in una tasca da pasticceria con bocchetta festonata e decorare tutto il perimetro della superficie superiore della torta con ciuffetti di panna, adagiare sopra ciascun ciuffetto di panna una ciliegia e cospargere del cioccolato a scaglie nel centro.

13. Ricoprire anche il lati della torta con le scaglie di cioccolato, facendole aderire bene, poi riporre in frigorifero per almeno 1 ora.

14. Servire (vedere consigli).

CONSIGLI
- Se non si consuma subito, riporre la torta in frigorifero per 2-3 giorni al massimo.

CURIOSITÀ E INFORMAZIONI
- Dal tedesco "Schwarzwälder Kirschtorte", la torta Foresta Nera è un classico della pasticcera internazionale, un dolce goloso e molto scenografico, originario dell'omonima regione della Germania.

TORTA DI CRÊPES TIRAMISÙ

INGREDIENTI

Crêpes

75 g di burro a pezzi + q.b.

750 g di latte intero + q.b.

330 g di farina tipo 00

4 uova (da 60 g)

30 g di zucchero

1 pizzico di sale

PREPARAZIONE

Crêpes

1. Mettere nel boccale il burro e sciogliere: **2 min./70°C/vel. 2**.
2. Aggiungere il latte, la farina 00, le uova, lo zucchero e il sale, mescolare: **20 sec./vel. 4**. La pastella dovrà avere la consistenza di una crema liquida. Se necessario aggiungere qualche cucchiaio di latte e mescolare ancora: **10 sec./vel. 4**. Trasferire la pastella in una ciotola, coprire con pellicola trasparente e riporre in frigorifero per 1 ora.

Continua a pagina **94** ▶

▶ Continua da pagina **93**

Crema al caffè e mascarpone

200 g di zucchero
500 g di panna (min. 30% di grassi)
700 g di mascarpone
60 g di caffè espresso freddo

Terminare la preparazione

cacao amaro in polvere, a piacere

UTENSILI UTILI

pellicola trasparente
padellino antiaderente
     (Ø 20 cm) o crêpiera
piatto piano
piccolo mestolo
ciotola capiente
spatola da pasticceria
tasca da pasticceria e beccucci

3. Ungere con poco burro una padellina antiaderente (Ø 20 cm) e scaldarla su fiamma media. Versare un mestolino di pastella nella padella, inclinarla affinché il fondo sia ricoperto uniformemente e cuocere 2-3 minuti, poi girare la crêpe e cuocerla per un altro minuto. Adagiare la crêpe su un piatto piano e coprire con un foglio di pellicola trasparente. Ripetere l'operazione fino ad esaurimento della pastella (si dovrebbero ottenere circa 18 crêpes).

Crema al caffè e mascarpone

4. Mettere nel boccale lo zucchero e polverizzare: **15 sec./vel. 10**. Trasferire in un ciotola e tenere da parte.

5. **Posizionare la farfalla**. Mettere nel boccale la panna e montare a **vel. 3**, fino a raggiungere il grado di montatura desiderato (panna montata). **Togliere la farfalla**. Trasferire la panna montata in una ciotola e tenere da parte.

6. Mettere nel boccale il mascarpone, il caffè e lo zucchero a velo, amalgamare: **10 sec./vel. 3**. Trasferire la crema in una ciotola capiente e, con una spatola da pasticceria, incorporare la panna montata poco per volta, mescolando delicatamente dal basso verso l'alto.

Terminare la preparazione

7. Disporre su un piatto da torta la prima crêpe, spalmarvi sopra 2 cucchiai di crema al caffè e mascarpone, adagiarvi una seconda crêpe e procedere formando i diversi strati, terminando con una crêpe (vedere varianti).

8. Sistemare qualche cucchiaio della crema la caffè e mascarpone rimasta in una tasca da pasticceria con bocchetta liscia e, con una spatola a gomito, stendere la restante sulla torta, in modo da ricoprirla completamente, sia i bordi che la superficie.

9. Decorare la superficie superiore della torta con dei ciuffetti di crema al caffè e mascarpone e spolverizzare a piacere con del cacao amaro. Riporre la torta in frigorifero per almeno 4 ore.

10. Servire.

CONSIGLI
• La torta si conserva in frigorifero per 2-3 giorni.

VARIANTI
• Per i più golosi, si possono arricchire gli strati della torta con una spolverizzata di cacao, con delle gocce di cioccolato e un cucchiaino di crema gianduia.

---

 2 h   6 h 30 min   12
 12 fette   facile   *Valori nutritivi per fetta:*
2954 kJ / 706 kcal / proteine 13 g /
carboidrati 46 g / grassi 52 g

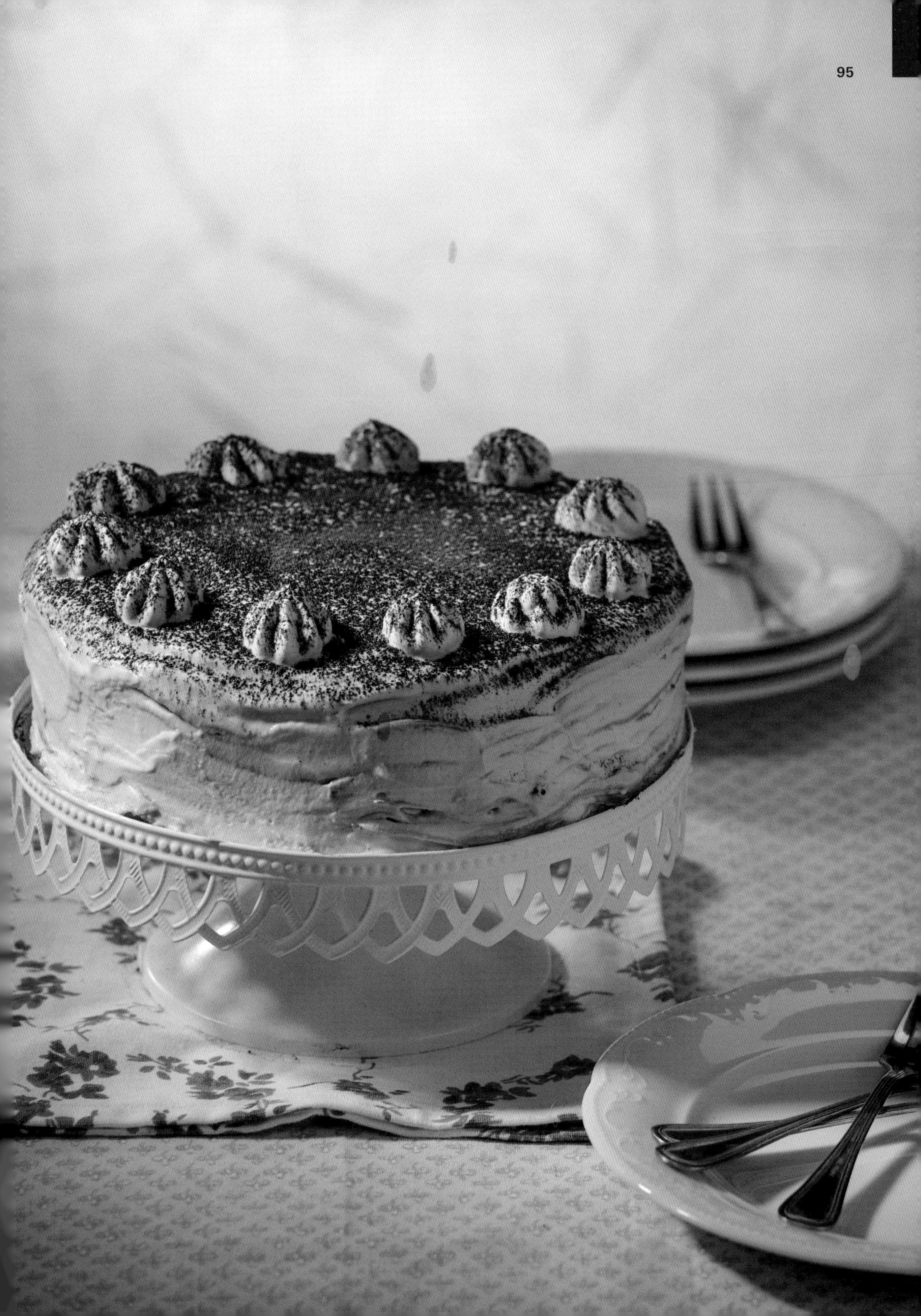

DOLCI CONSISTENZE

Utensili per guarnire e rifinire

Anche l'occhio vuole la sua parte. Il dolce deve essere curato nei minimi dettagli.

Nei cassetti della cucina devono essere presenti tutti quegli strumenti che consentono di tagliare con precisione una torta da farcire o necessari per stendere in maniera omogenea e senza sbavature una crema o una glassa.

Ad esempio, per realizzare una layer cake (torta multistrato) è necessario che la coltelleria sia comprensiva di un coltello a lama lunga seghettata o ancora meglio sarebbe utile avere a portata di mano un tagliatorta, che consente di ottenere degli strati dritti.

Le spatole sono fondamentali per poter stendere una crema tra uno strato e l'altro o per rendere liscia una glassa di copertura. In commercio si trovano diverse tipologie di spatole, ciascuna con la sua specificità. Di seguito alcuni esempi:

Spatola in silicone (leccapentole): la sua testina flessibile e morbida consente di raccogliere tutto il composto dalla ciotola in modo da evitare gli sprechi.

Spatola a gomito o angolare: utilizzata per stendere le creme e per levigare e smussare i lati delle torte.

Spatole di precisione: utilizzate per rifinire e decorare prevalentemente le coperture in pasta di zucchero delle torte.

Utensili per modellare

Tutto ciò che è necessario per decorare e dare un effetto "wow" al proprio dolce. Non è necessario essere grandi pasticceri, è sufficiente avere una dotazione di piccoli strumenti per creare motivi e decorazioni eleganti ed estrose adatte ad ogni occasione.

Ad esempio, molto utili se si desidera modellare e intagliare il fondente sono i coltellini con diverse punte o gli scavini, oppure per rendere unici i biscotti o le superfici la scatola degli utensili deve obbligatoriamente contenere dei timbri con forme e dimensioni diverse.

Utensile indispensabile del quale non si può fare a meno per realizzare buona parte dei dolci è la **tasca da pasticceria** con i suoi beccucci. Più fruibile quella con la sacca usa e getta, ma in commercio si trova anche quella lavabile o per i più pratici la siringa, ciascuna dotata di beccucci adatti ad ogni genere di farcitura e decorazione.

Un piccolo vademecum su come utilizzare agevolmente la tasca da pasticceria potrebbe essere utile per semplificare le operazioni di farcitura e decorazione:

Step 1 - Tenere la tasca dalla parte del beccuccio lasciando cadere la restante parte verso il basso e utilizzando la mano con la quale lavorate, oppure sistemare la tasca da pasticceria all'interno di una tazza o contenitore stretto e alto ripiegando la parte che fuoriesce dal contenitore verso l'esterno in modo da tenere aperta la sacca ed inserite nella tasca un po' di composto usando un cucchiaio aiutandovi con la mano libera.

Step 2 - Riempite la tasca solo fino a metà per evitare che il composto esca dall'altra parte e che la tasca sia difficile da reggere con una mano quindi spingete il composto verso il beccuccio per rimuovere l'aria in eccesso.

Step 3 - Torcete la parte di tasca esterna in modo che il composto non fuoriesca.

Step 4 - Spremete l'estremità chiusa della tasca e usate l'altra mano per sostenere il beccuccio in modo che il composto non fuoriesca senza senso. Iniziate lentamente facendo fuoriuscire solo un po' di composto e aumentate la velocità man mano che prendete confidenza con la tasca, con la tipologia di composto con il quale state lavorando e soprattutto con la sua consistenza.

Fig. 4

Se si utilizza la tasca da pasticceria per decorare il dolce, è necessario ricordarsi che ad ogni decorazione corrisponde la sua bocchetta.

Anche in casa si possono realizzare delle decorazioni con la tasca da pasticceria molto fini ed eleganti, basta sapere quale bocchetta utilizzare.

Spesso e volentieri si trovano dei kit di bocchette che creano confusione. Quale usare?

L'immagine a lato (Fig. 4) potrebbe essere di grande aiuto quando si decide di decorare un cupcake, un biscotto o una torta o semplicemente farcire un bignè.

Altri utensili per rifinire sono ad esempio il *cannello* e il *sifone*. Il primo è dotato di una bomboletta di gas che emana una fiamma utile a fiammeggiare e a caramellare.

Il secondo, meno diffuso nelle cucine casalinghe, è conosciuto soprattutto per la preparazione di cocktails, ora utilizzato non solo per la panna montata ma anche per creare spume sia dolci che salate per dare al piatto un tocco estetico in più e per creare un gioco di consistenze oltre che di sapori.

È costituito in genere da quattro parti: contenitore in cui vengono versati gli ingredienti, callotta o tappo che viene avvitata sul contenitore e sulla quale vengono poi avvitate le cartucce o bombolette, beccucci di varie forme per ottenere spume diverse.

 Un altro utensile fondamentale è la **gratella**. Quest'ultima è utile per molte tipologie di copertura, come per esempio quella che viene definita glassa a specchio. Tale denominazione deriva dal fatto che la copertura conferisca grande lucidità alla preparazione che si va a glassare.

La glassa a specchio è una preparazione molto particolare, che richiede molta attenzione, soprattutto per quanto riguarda le temperature, perché altrimenti il rischio è di dover rifare tutto da capo, ma con il Bimby® la preparazione della glassa a specchio, sempre con le dovute accortezze, viene facilitata, poiché si riesce a monitorare facilmente la temperatura, che deve essere compresa tra i 37°C e i 40°C.

Come glassare un dolce con la glassa a specchio e renderla wow? Come prima cosa sono necessari un vassoio e una gratella in modo che la glassa coli e venga correttamente raccolta.

Step 1 - Sistemare la torta che si vuole glassare sopra una gratella, precedentemente posizionata sopra un piatto o un vassoio, in modo che la glassa non sporchi il piano di lavoro e coli dappertutto.

Step 2 - Versare lentamente la glassa sulla torta, in modo tale che coli anche dai bordi.

Step 3 - Lasciare che la glassa coli completamente e quindi fare asciugare la torta prima di procedere con la decorazione.

DIPLOMATICA

INGREDIENTI

Pan di Spagna
burro q.b.
75 g di farina tipo 00 + q.b.
3 uova (da 60 g)
90 g di zucchero
75 g di fecola di patate
1 cucchiaino di lievito in polvere
    per dolci

Pasta sfoglia
135 g di burro congelato a pezzi
    (1-2 cm)
135 g di farina tipo 00 + q.b.
60 g di acqua fredda
1 pizzico di sale
zucchero a velo q.b.

Crema diplomatica
500 g di latte intero
4 tuorli
100 g di zucchero
1 stecca di vaniglia, i semini estratti
70 g di frumina
200 g di panna (min. 30% di grassi)
    fredda

Terminare la preparazione
90 g di Alchermes
zucchero a velo q.b.

PREPARAZIONE

Pan di Spagna

1. Preriscaldare il forno a 180°C. Imburrare ed infarinare una tortiera con fondo apribile (Ø 24 cm) e tenere da parte.
2. **Posizionare la farfalla.** Mettere nel boccale le uova e lo zucchero, montare: **5 min./37°C/vel. 4**.
3. Aggiungere la farina 00, la fecola e il lievito, distribuendoli intorno alla farfalla e mescolare: **4 sec./vel. 3**. **Togliere la farfalla** e mescolare delicatamente il composto con la spatola. Versare il composto nella tortiera precedentemente preparata e livellarlo con la spatola.
4. Cuocere in forno caldo per 25 minuti (180°C). Controllare la cottura del pan di Spagna con la prova stecchino: se è asciutto, il pan di Spagna sarà cotto. Togliere con attenzione il pan di Spagna dal forno e far raffreddare all'interno della tortiera. Nel frattempo, preparare la pasta sfoglia.

Pasta sfoglia

5. Nel boccale pulito mettere il burro, la farina 00, l'acqua e il sale, impastare: **20 sec./vel. 6**. Trasferire l'impasto sul piano di lavoro, formare una palla e appiattirla in un panetto. Avvolgere il panetto nella pellicola trasparente e riporre in frigorifero per 20 minuti.
6. Togliere il panetto dalla pellicola e appoggiarlo sul piano di lavoro infarinato (Foto 1). Con un matterello, tirare la sfoglia in un rettangolo lungo 3 volte la sua larghezza (60x20 cm circa) (Foto 2). Ripiegare il rettangolo in tre parti e ruotare la sfoglia di 90° in modo da avere la piega sulla sinistra (Foto 3). Avvolgere il panetto nella pellicola trasparente e riporre in frigorifero per 20 minuti. Riprendere il panetto di pasta sfoglia e ripetere il procedimento di stesura, piegatura e riposo in frigorifero per altre due volte.
7. Preriscaldare il forno a 200°C e rivestire la placca del forno con un foglio di carta forno.
8. Sul piano di lavoro infarinato, dividere il panetto di pasta sfoglia in 2 parti. Con il matterello, stendere ambedue le parti di pasta sfoglia in due rettangoli (35x25 cm) e sistemarle, una per volta sulla placca preparata. Bucherellare con i rebbi di una forchetta e spolverizzare in superficie con dello zucchero a velo.

Continua a pagina **104** ▶

 1 h   3 h 30 min   20 pezzi   medio   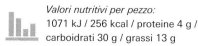 Valori nutritivi per pezzo: 1071 kJ / 256 kcal / proteine 4 g / carboidrati 30 g / grassi 13 g

1

2

3

▶ Continua da pag **102**

UTENSILI UTILI

tortiera con fondo apribile
  (Ø 24 cm)
stecchini in legno per spiedini
pellicola trasparente
matterello
placca del forno
carta forno
forchetta
ciotola
spatola da pasticceria
tasca da pasticceria e beccucci
frusta
coltello seghettato
piatto da portata
pennello da pasticceria
pirottini di carta
vassoio

9. Cuocere in forno caldo per circa 15 minuti (200°C) o sino a doratura. Togliere con attenzione dal forno e far raffreddare. Nel frattempo, preparare la crema diplomatica.

Crema diplomatica

10. Mettere nel boccale il latte, i tuorli, lo zucchero, la vaniglia e la frumina, cuocere: **7 min./90°C/vel. 4**. Trasferire la crema in una ciotola, coprire con pellicola trasparente a contatto e fare raffreddare completamente a temperatura ambiente.

11. Pulire ed asciugare il boccale. **Posizionare la farfalla**, mettere la panna e montare a **vel. 3**, fino a raggiungere il grado di montatura desiderato (panna montata). **Togliere la farfalla**.

12. Con una frusta, rompere la crema pasticcera rendendola liscia e senza grumi. Con una spatola da pasticceria, incorporare poco per volta la panna montata alla crema pasticcera, con movimenti delicati dal basso verso l'alto. Trasferire la crema diplomatica all'interno di una tasca da pasticceria con bocchetta liscia e riporre in frigorifero per 1 ora.

Terminare la preparazione

13. Con un coltello seghettato tagliare il pan di Spagna verticalmente in fette spesse 1 cm circa.

14. Sistemare su un piatto da portata il primo rettangolo di pasta sfoglia e farcire con metà della crema diplomatica. Adagiarvi sopra le fettine di pan di Spagna fino a ricoprirla interamente e spennellare con l'Alchermes. Spalmare con la crema diplomatica rimasta e chiudere con il secondo rettangolo di pasta sfoglia.

15. Spolverizzare con dello zucchero a velo e tagliare a quadrotti. Sistemare i diplomatici all'interno di pirottini da bon bon e disporli su un vassoio.

16. Servire.

CONSIGLI

• Le tre preparazioni si possono preparare con largo anticipo. Una volta raffreddato, avvolgere il pan di Spagna nella pellicola trasparente e riporlo in frigorifero. In questo modo mantiene la sua morbidezza per circa 2 giorni. Anche la pasta sfoglia, una volta cotta, la si può avvolgere nella pellicola trasparente e riporla in un luogo fresco e asciutto per 2-3 giorni. La pasta sfoglia, da cruda, la si può tenere a disposizione anche per preparazioni successive, avvolgendola nella pellicola trasparente e riponendola in un sacchetto adatto al congelamento con chiusura ermetica. Riporre in congelatore e utilizzare previo scongelamento.
La crema diplomatica, invece, si conserva in frigorifero per 2-3 giorni coperta da pellicola trasparente a contatto.

TORTA "NUA"

INGREDIENTI

Crema alla vaniglia e al cacao

100 g di zucchero
½ stecca di vaniglia, i semini
  estratti
50 g di farina tipo 00
500 g di latte intero
2 uova (da 60 g)
25 g di cacao amaro in polvere

Torta

burro q.b.
300 g di farina tipo 00 + q.b.
200 g di zucchero
4 uova (da 60 g)
130 g di olio di semi di girasole
100 g di latte
1 bustina di lievito in polvere
  per dolci
zucchero a velo, a piacere

UTENSILI UTILI

ciotola
pellicola trasparente
tortiera con fondo apribile
  (Ø 26 cm)
spatola da pasticceria
vassoio

PREPARAZIONE

Crema alla vaniglia e al cacao

1. Mettere nel boccale lo zucchero, i semini di vaniglia e la farina 00, polverizzare: **10 sec./vel. 9**. Riunire sul fondo con la spatola.
2. Aggiungere il latte e le uova, cuocere: **7 min./90°C/vel. 4**. Trasferire la metà della crema alla vaniglia (385 g circa) in una ciotola, coprire con pellicola trasparente a contatto e fare raffreddare completamente.
3. Unire alla crema rimasta nel boccale il cacao amaro e amalgamare: **10 sec./vel. 4**. Versare la crema al cacao in una ciotola, coprire con pellicola trasparente a contatto e fare raffreddare completamente.

Torta

4. Preriscaldare il forno a 170°C. Imburrare e infarinare una tortiera con fondo apribile (Ø 26 cm) e tenerla da parte.
5. Mettere nel boccale la farina 00, lo zucchero, le uova, l'olio di semi di girasole e il latte, mescolare: **30 sec./vel. 5**.
6. Unire il lievito e amalgamare: **10 sec./vel. 4**. Versare l'impasto nella tortiera, livellandolo con una spatola da pasticceria. Distribuire a cucchiaiate le due creme alternandole sulla superficie dell'impasto.
7. Cuocere in forno caldo per 60-70 minuti (170°C) (vedere consigli). Togliere con attenzione dal forno e lasciare raffreddare completamente prima di sformare su un vassoio.
8. Spolverizzare a piacere con dello con zucchero a velo e servire (vedere consigli).

CONSIGLI

• Se in cottura la torta dovesse scurire troppo in superficie, coprirla con un foglio di alluminio.
• Conservare la torta nua in frigorifero non oltre i 2 giorni.

---

 20 min   2 h   12 fette   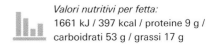 medio

Valori nutritivi per fetta:
1661 kJ / 397 kcal / proteine 9 g /
carboidrati 53 g / grassi 17 g

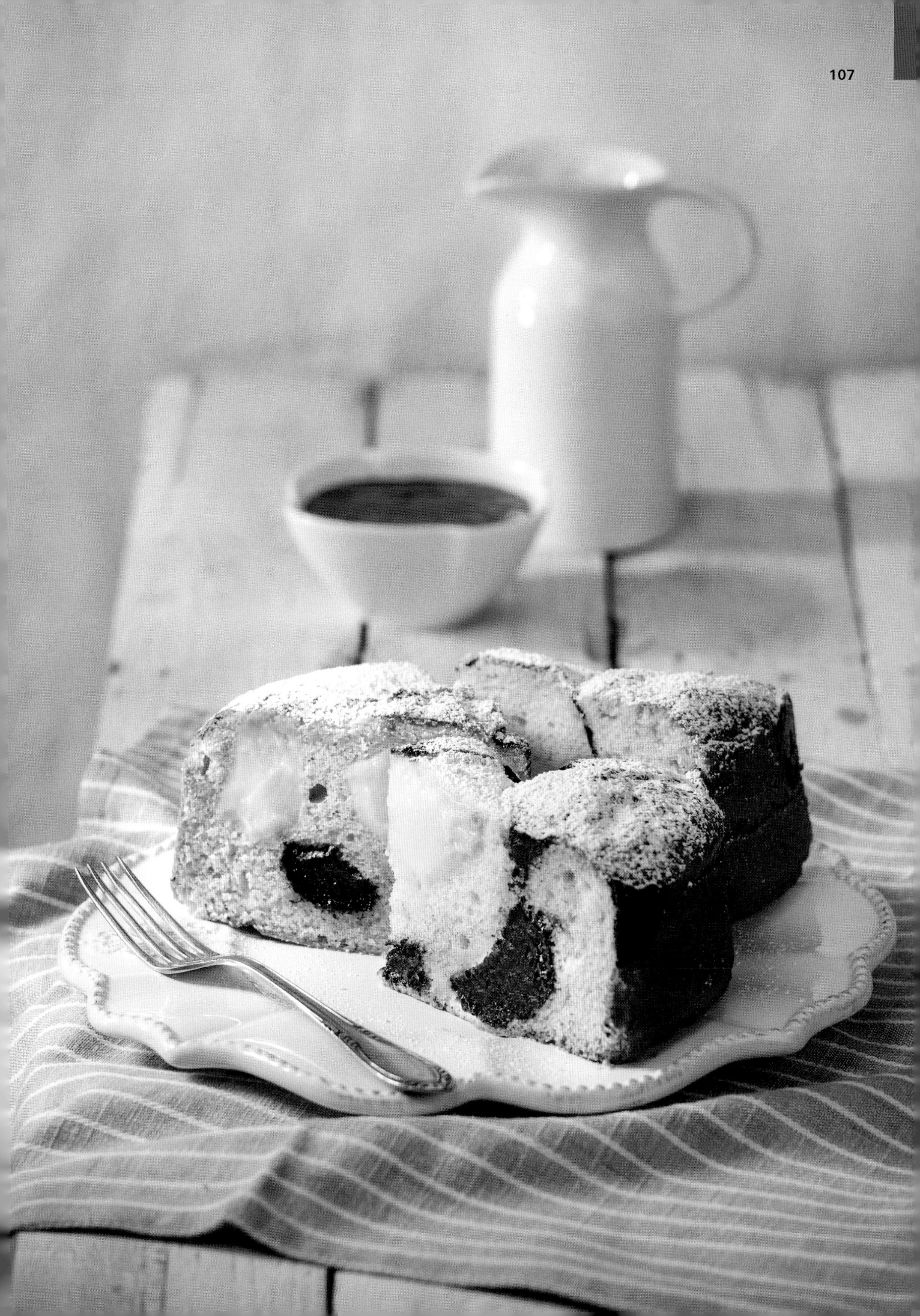

YOGURT MOUSSE CAKE ALL'ARANCIA

INGREDIENTI

150 g di pan di Spagna, un disco
(Ø 18 cm e altezza 1.5 cm circa)

Crema allo yogurt

170 g di panna (min. 30% di grassi)
170 g di yogurt bianco non dolcificato
25 g di zucchero a velo
1 cucchiaino di estratto
di vaniglia naturale
6 g di gelatina in fogli, ammollati
in acqua fredda e strizzati

Mousse allo yogurt e arancia

170 g di panna (min. 30% di grassi)
fredda
120 g di succo di arancia rossa,
spremuto fresco e filtrato
25 g di zucchero a velo
8 g di gelatina in fogli, ammollati
in acqua fredda e strizzati
170 g di yogurt bianco non dolcificato

Gelatina all'arancia

200 g di succo di arancia rossa,
spremuto fresco e filtrato
60 g di zucchero a velo
6 g di gelatina in fogli, ammollati
in acqua fredda e strizzati
1 arancia, preferibilmente biologica,
a fettine

UTENSILI UTILI

stampo ad anello (Ø 18 cm)
foglio di acetato
carta forno
ciotola capiente
spatola da pasticceria
spatola a gomito in metallo

PREPARAZIONE

1. Appoggiare un anello di acciaio da pasticceria (Ø 18 cm) su un vassoio e foderarne i bordi con un foglio di acetato o carta forno. Sistemare il disco di pan di Spagna all'interno dell'anello di acciaio e tenere da parte.

Crema allo yogurt

2. Mettere nel boccale la panna, lo yogurt, lo zucchero a velo e l'estratto di vaniglia, cuocere: **6 min./80°C/vel. 3**.
3. Aggiungere la gelatina e amalgamare: **10 sec./vel. 3**. Versare la crema all'interno dell'anello sul pan di Spagna e riporre in frigorifero a rassodare per 3 ore.

Mousse allo yogurt e arancia

4. **Posizionare la farfalla**. Mettere nel boccale la panna e montare a **vel. 3**, fino a raggiungere il grado di montatura desiderato (panna montata). **Togliere la farfalla**. Trasferire la panna montata in una ciotola e riporre in frigorifero.
5. Mettere nel boccale il succo di arancia e lo zucchero, cuocere: **3 min./80°C/vel. 3**.
6. Aggiungere la gelatina e amalgamare: **10 sec./vel. 3**.
7. Unire lo yogurt e mescolare: **20 sec./vel. 4**. Trasferire in una ciotola capiente.
8. Incorporare delicatamente alla crema di arancia la panna montata poco per volta, mescolando delicatamente dal basso verso l'alto con una spatola da pasticceria.
9. Riprendere dal frigorifero lo stampo ad anello e versare la mousse allo yogurt e arancia sulla crema, livellare con una spatola a gomito e riporre in frigorifero per 3 ore.

Gelatina all'arancia

10. Mettere nel boccale il succo di arancia e lo zucchero, cuocere: **5 min./80°C/vel. 3**.
11. Aggiungere la gelatina e amalgamare: **10 sec./vel. 3**. Trasferire in una ciotola e far intiepidire, poi versare la gelatina all'arancia sulla mousse e riporre in frigorifero per almeno 6 ore.
12. Sformare la torta dall'anello e trasferirla su un piatto da portata. Guarnire con fettine di arancia.
13. Servire.

 1 h   17 h 20 min   8 fette   medio   *Valori nutritivi per fetta:*
1344 kJ / 321 kcal / proteine 5 g /
carboidrati 34 g / grassi 18 g

Scansiona il QR code per collegarti direttamente alla ricetta del Pan di Spagna presente su Cookidoo®

TORTA MAGICA

INGREDIENTI

125 g di burro fuso freddo + q.b.
4 uova (da 60 g), i tuorli e gli albumi
    separati
150 g di zucchero
1 cucchiaio di acqua fredda
1 cucchiaino di estratto
    di vaniglia naturale
115 g di farina tipo 00
500 g di latte intero caldo
zucchero a velo, a piacere

UTENSILI UTILI

carta forno
teglia quadrata (20x20 cm)
ciotola capiente
frusta
spatola da pasticceria
pellicola trasparente

PREPARAZIONE

1. Preriscaldare il forno a 150°C. Imburrare e foderare con un foglio di carta forno una tortiera quadrata (20x20 cm e altezza 7-8 cm) in modo che aderisca perfettamente alle pareti della tortiera.
2. **Posizionare la farfalla**. Mettere nel boccale i tuorli e lo zucchero, montare: **6 min./37°C/vel. 3.5**.
3. Aggiungere un cucchiaio di acqua e l'estratto di vaniglia, montare: **3 min./vel. 3.5**.
4. Unire il burro fuso e montare: **3 min./vel. 3.5**.
5. Con le lame in movimento a **vel. 3.5** aggiungere dal foro del coperchio la farina 00 un cucchiaio per volta, poi mescolare: **2 min./vel. 3.5**.
6. Con le lame in movimento a **vel. 3.5** unire il latte a filo dal foro del coperchio, poi mescolare ancora: **1 min./vel. 3.5**. **Togliere la farfalla**. Trasferire la crema alla vaniglia in una ciotola capiente e tenere da parte. Lavare ed asciugare bene il boccale e la farfalla.
7. Nel boccale pulito e asciutto, **posizionare la farfalla**. Mettere gli albumi e montare: **3 min./37°C/vel. 3.5**. **Togliere la farfalla**.
8. Unire poco per volta gli albumi montati a neve alla crema alla vaniglia, incorporandoli delicatamente con una frusta in modo da non smontare gli albumi fino ad ottenere un composto piuttosto liquido. Versare il composto nella tortiera preparata e livellare la superficie con una spatola da pasticceria.
9. Cuocere in forno caldo per 75-80 minuti (150°C). Togliere con attenzione dal forno e lasciare raffreddare completamente all'interno della tortiera.
10. Coprire la tortiera con pellicola trasparente e riporre in frigorifero per 2 ore (vedere consigli).
11. Togliere la tortiera dal frigorifero, sformare dallo stampo su un piatto per torta e spolverizzare a piacere con dello zucchero a velo.
12. Servire fredda tagliata a cubotti.

CONSIGLI
• Il riposo in frigorifero coperta da pellicola trasparente, sono necessari affinché si formino i 3 strati di consistenze differenti tipici della Torta magica. Ma è necessario utilizzare la tortiera della forma e delle dimensioni indicate e la procedura della ricetta.

 10 min

 4 h

8
 8 fette

facile

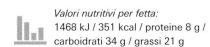 *Valori nutritivi per fetta:*
1468 kJ / 351 kcal / proteine 8 g /
carboidrati 34 g / grassi 21 g

CESTINI DI CREMA AL CAFFÈ

INGREDIENTI

Base

200 g di biscotti secchi
al cioccolato a pezzi
160 g di burro a pezzi

Crema

150 g di panna (min. 30% di grassi)
fredda
100 g di mascarpone
2 cucchiaini di caffè solubile
40 g di zucchero a velo

Terminare la preparazione

cacao amaro in polvere, a piacere

UTENSILI UTILI

stampini in alluminio monoporzione
ciotola
spatola da pasticceria
pellicola trasparente

PREPARAZIONE

Base

1. Foderare 6 stampini monoporzione in alluminio con pellicola trasparente.
2. Mettere nel boccale i biscotti e tritare: **10 sec./vel. 7**. Riunire sul fondo con la spatola.
3. Aggiungere il burro e amalgamare: **3 min./50°C/vel. 2**, poi frullare: **15 sec./vel. 5**. Suddividere i biscotti tritati negli stampi preparati, compattarli bene sul fondo e rialzare sui bordi. Sistemare gli stampini su un vassoio e riporre in frigorifero per 30 minuti. Nel frattempo, pulire ed asciugare il boccale.

Crema

4. **Posizionare la farfalla**. Mettere nel boccale la panna e montare a **vel. 3**, fino a raggiungere il grado di montatura desiderato (panna semi montata). **Togliere la farfalla**, trasferire la panna montata in una ciotola e riporre in frigorifero.
5. Mettere nel boccale il mascarpone, il caffè e lo zucchero, mescolare: **10 sec./vel. 4**. Trasferire la crema al mascarpone in una ciotola capiente e, con una spatola da pasticceria, incorporarvi poco per volta la panna montata con movimenti delicati dal basso verso l'alto. Sistemare la crema in una tasca da pasticceria con bocchetta liscia e riporre in frigorifero per 30 minuti.

Terminare la preparazione

6. Togliere i cestini dal frigorifero, sformarli e disporli nuovamente sul vassoio. Riempire i cestini di biscotto con la crema al caffè e riporre in frigorifero per altre 2 ore.
7. Servire i cestini spolverizzando a piacere con del cacao amaro.

 1 h   4 h   6 pezzi   medio   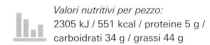 *Valori nutritivi per pezzo:* 2305 kJ / 551 kcal / proteine 5 g / carboidrati 34 g / grassi 44 g

TORTA CREMOSA AL LIMONE

INGREDIENTI

Pasta frolla

75 g di zucchero
70 g di burro freddo a tocchetti + q.b.
180 g di farina tipo 00 + q.b.
2 tuorli
1 pizzico di sale

Crema al limone

2 limoni, preferibilmente biologici,
    la scorza (senza la parte bianca)
    e il succo
200 g di zucchero
250 g di latte intero
4 tuorli
50 g di farina tipo 00
60 g di burro a pezzi

Pasta margherita

100 g di zucchero
2 uova (da 60 g)
1 tuorlo
100 g di burro morbido a pezzi
120 g di farina tipo 00
20 g di fecola di patate
1 cucchiaino di essenza di vaniglia
    o 3 cm di stecca di vaniglia,
    i semini estratti
20 g di latte intero
½ bustina di lievito in polvere
    per dolci

UTENSILI UTILI

pellicola trasparente
coltellino
colino a maglia fine
ciotola
tortiera con fondo apribile (Ø 24 cm)
carta forno
matterello
forchetta

PREPARAZIONE

Pasta frolla

1. Mettere nel boccale lo zucchero e polverizzare: **15 sec./vel. 10**. Riunire sul fondo con la spatola.
2. Aggiungere il burro, la farina 00, i tuorli, il sale e impastare: **15 sec./vel. 5**. Trasferire l'impasto sul piano di lavoro e compattarlo in un panetto liscio. Avvolgere il panetto di pasta frolla nella pellicola trasparente e riporre in frigorifero per 1 ora. Nel frattempo, preparare la crema al limone.

Crema al limone

3. Mettere nel boccale lo zucchero e la scorza dei limoni, polverizzare: **15 sec./vel. 10**. Riunire sul fondo con la spatola.
4. Aggiungere il latte, i tuorli, la farina 00, il burro e 130 g di succo di limone, cuocere: **7 min./90°C/vel. 4**. Trasferire la crema in una ciotola, coprire con pellicola trasparente a contatto e fare raffreddare a temperatura ambiente. Pulire e asciugare il boccale.

Pasta margherita

5. Mettere nel boccale lo zucchero, polverizzare: **10 sec./vel. 10**. Riunire sul fondo con la spatola. Togliere dal boccale 30 g di zucchero a velo e tenere da parte.
6. Aggiungere le uova, il tuorlo, il burro morbido, la farina 00, la fecola, la vaniglia e il latte, mescolare: **30 sec./vel. 4**.
7. Unire il lievito, amalgamare: **10 sec./vel. 4**.

Terminare la preparazione

8. Preriscaldare il forno a 170°C. Imburrare e infarinare una tortiera con fondo apribile (Ø 24 cm) con bordi alti.
9. Riprendere dal frigorifero la pasta frolla, togliere la pellicola trasparente e adagiarla su un foglio di carta forno. Con un matterello, stenderla sino a Ø 26-28 cm e foderare la tortiera, alzando i bordi a circa 3-4 cm e eliminando la pasta in eccesso. Bucherellare il fondo con i rebbi di una forchetta.
10. Sistemare la crema al limone all'interno di una tasca da pasticceria con bocchetta liscia. Ricoprire la base di pasta frolla con la crema al limone (vedere consigli) e infine versarvi sopra l'impasto della pasta margherita.
11. Cuocere in forno caldo per 45-50 minuti (170°C). Togliere con attenzione dal forno e lasciare raffreddare completamente prima di sformare.
12. Spolverizzare con lo zucchero a velo tenuto da parte e servire a fette.

 30 min   2 h 30 min   10 fette   medio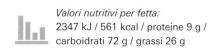

Valori nutritivi per fetta:
2347 kJ / 561 kcal / proteine 9 g /
carboidrati 72 g / grassi 26 g

CONSIGLI
- A piacere, tenere da parte
  2 cucchiai di crema al limone per
  decorare la superficie della torta.

SEMIFREDDO AL CARAMELLO SALATO

INGREDIENTI

INGREDIENTI

Caramello salato

100 g di zucchero
1 cucchiaino di acqua
100 g di panna (min. 30% di grassi)
½ cucchiaino di sale

Crema al mascarpone

4 uova (da 60 g)
1 cucchiaino di estratto di vaniglia
    naturale
100 g di zucchero
500 g di mascarpone
200 g di panna (min. 30% di grassi)
    fredda

Terminare la preparazione

100 g di biscotti savoiardi
40 g di liquore al cocco o
    di liquore all'amaretto

UTENSILI UTILI

padella antiaderente
ciotola capiente
spatola da pasticceria
stampo da plumcake (26x12 cm)
pellicola trasparente
pennello da pasticceria

PREPARAZIONE

Caramello salato

1. Mettere lo zucchero e l'acqua in una padella antiaderente e, sul fuoco a fiamma media, senza mai mescolare, lasciare che lo zucchero inizi a sciogliere, assumendo il tipico colore dorato del caramello. Nel frattempo, preparare la panna salata.
2. Mettere nel boccale la panna e il sale, scaldare: **6 min./100°C/vel. 2** o fino a che lo zucchero nel padellino non sarà completamente caramellizzato, quindi se necessario prolungare il tempo di riscaldamento per ulteriori: **3 min./100°C/vel. 2**.
3. Quando lo zucchero è completamente sciolto, togliere il misurino e con le lame in movimento a **vel. 2** versare il caramello a filo dal foro del coperchio.
4. Continuare la cottura: **5 min./100°C/vel. 3**. Trasferire in una ciotola e lasciare raffreddare a temperatura ambiente.

Crema al mascarpone

5. Nel boccale pulito e asciutto, **posizionare la farfalla**. Mettere nel boccale le uova, l'estratto di vaniglia e lo zucchero, montare: **8 min./80°C/vel. 3**. **Togliere la farfalla**.
6. Con le lame in movimento a **vel. 3**, unire dal foro del coperchio il mascarpone un cucchiaio per volta, poi mescolare: **45 sec./vel. 3** spatolando. Trasferire in una ciotola capiente e tenere da parte. Pulire ed asciugare il boccale e la farfalla.
7. **Posizionare la farfalla**. Mettere nel boccale la panna e montare a **vel. 3**, fino a raggiungere il grado di montatura desiderato (panna montata). **Togliere la farfalla**.
8. Con una spatola da pasticceria, incorporare delicatamente la panna montata unendola poco per volta alla crema di mascarpone, con movimenti dal basso verso l'alto.

Continua a pagina **118** ▶

 30 min   11 h   10 fette   medio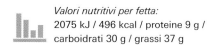

Valori nutritivi per fetta:
2075 kJ / 496 kcal / proteine 9 g /
carboidrati 30 g / grassi 37 g

▶ Continua da pagina **116**

Terminare la preparazione

9. Foderare uno stampo da plumcake (26x12 cm) con pellicola trasparente.

10. Distribuire sul fondo dello stampo metà della crema al mascarpone, disporvi i savoiardi, spennellarli con il liquore e versarvi sopra metà della salsa al caramello. Ricoprire con la crema al mascarpone rimasta e chiudere con un ultimo strato di savoiardi spennellandoli leggermente con il liquore. Coprire lo stampo con pellicola trasparente e riporre in congelatore per 8-10 ore (vedere consigli).

11. Togliere lo stampo dal congelatore e lasciarlo a temperatura ambiente per 30 minuti. Rimuovere la pellicola trasparente di superficie, sformare il dolce su un piatto da portata ed eliminare la pellicola trasparente.

12. Decorare con la salsa al caramello rimasta (vedere consigli) e servire.

CONSIGLI

• Coprire la ciotola con la salsa al caramello rimasta con pellicola trasparente e riporre in frigorifero. Al momento di utilizzarla, scaldare brevemente la salsa al caramello a bagnomaria o in microonde per renderla di nuovo fluida.

• Si consiglia di preparare il semifreddo il giorno prima e lasciarlo in congelatore per tutta la notte. In questo modo si solidificherà meglio.

TORTA RICOTTA E PERE

INGREDIENTI

Biscuit alle nocciole

80 g di burro fuso + q.b.

90 g di farina tipo 00 + q.b.

100 g di nocciole spellate

4 uova (da 60 g)

1 cucchiaino di estratto di vaniglia
naturale

100 g di zucchero

1 cucchiaino di lievito in polvere
per dolci

1 pizzico di sale

PREPARAZIONE

Biscuit alle nocciole

1. Preriscaldare il forno a 180°C. Imburrare ed infarinare due tortiere
con fondo apribile (Ø 24 cm).
2. Mettere nel boccale le nocciole e la farina 00, polverizzare:
20 sec./vel. 10. Trasferire in una ciotola e tenere da parte.
3. **Posizionare la farfalla**. Mettere nel boccale le uova, la vaniglia e
lo zucchero, montare: **5 min./37°C/vel. 4**.
4. Aggiungere il burro e mescolare: **10 sec./vel. 3**.

Continua a pagina **120** ▶

▶ Continua da pagina 119

Pere caramellate
30 g di burro
50 g di zucchero
20 g di succo di limone,
    spremuto fresco
180 g di pere tipo Williams,
    pelate e a cubetti (1 cm circa)

Crema alla ricotta
100 g di zucchero
½ stecca di vaniglia, i semini
    estratti
400 g di panna (min. 30% di grassi)
    fredda
350 g di ricotta di pecora,
    scolata dal siero

Terminare la preparazione
zucchero a velo, a piacere
granella di nocciole, a piacere
fettine di pere tipo Williams

UTENSILI UTILI
2 tortiere con fondo apribile
    (Ø 24 cm)
ciotola
spatola da pasticceria
padella antiaderente
stampo ad anello (Ø 24 cm)
spatola a gomito in metallo
pellicola trasparente

5. Unire il misto di farina e nocciole, il lievito e il sale distribuendoli intorno alla farfalla, amalgamare: **5 sec./vel. 3**. **Togliere la farfalla** e mescolare delicatamente il composto con la spatola. Versare il composto dividendolo equamente tra le due tortiere preparate e livellare la superficie con una spatola da pasticceria.

6. Cuocere in forno caldo per 15-20 minuti (180°C). Togliere con attenzione dal forno e lasciare raffreddare completamente all'interno delle tortiere.

Pere caramellate

7. In una padella antiaderente sciogliere il burro, aggiungere 50 g di zucchero, il succo di limone e le pere e cuocere girandole di tanto in tanto con una spatola da pasticceria fino a che il succo sarà evaporato e si sarà addensato. Trasferire in una ciotola e fare raffreddare.

Crema alla ricotta

8. Mettere nel boccale 100 g di zucchero e i semini di vaniglia, polverizzare: **10 sec./vel. 10**. Trasferire lo zucchero a velo vanigliato in un ciotola e tenere da parte.

9. **Posizionare la farfalla**. Mettere nel boccale la panna e montare a **vel. 3**, fino a raggiungere il grado di montatura desiderato (panna montata). **Togliere la farfalla**. Trasferire la panna montata in una ciotola.

10. Mettere nel boccale la ricotta e lo zucchero a velo vanigliato, amalgamare: **15 sec./vel. 3**. Trasferire la crema in una ciotola e incorporare la panna montata poco per volta, mescolando delicatamente dal basso verso l'alto con la spatola da pasticceria.

11. Aggiungere alla crema di ricotta e panna le pere caramellate e amalgamare mescolando delicatamente.

Terminare la preparazione

12. Sistemare un anello di acciaio (Ø 24 cm) sopra un piatto da portata. Posizionare il primo disco di biscuit all'interno dell'anello, facendolo scendere verso il basso. Versare all'interno la crema alla ricotta e pere e livellarla con una spatola a gomito. Chiudere con il secondo disco di biscuit alle nocciole e pressare leggermente in modo da farlo aderire alla crema. Coprire la torta con un foglio di pellicola trasparente e riporre in frigorifero per 6 ore.

13. Riprendere la torta dal frigorifero, eliminare la pellicola trasparente e sfilare delicatamente l'anello di acciaio.

14. Spolverizzare la superficie con dello zucchero a velo e decorare con della granella di nocciole e delle fettine di pera.

15. Servire.

 1 h

 7 h 30 min

 10 10 fette

 medio

 Valori nutritivi per fetta:
2226 kJ / 532 kcal / proteine 10 g /
carboidrati 39 g / grassi 37 g

CROSTATA AL FRUTTO DELLA PASSIONE E VANIGLIA

INGREDIENTI

Mousse alla vaniglia

175 g di panna (min. 30% di grassi) fredda

145 g di latte intero

35 g di tuorli, sbattuti

35 g di zucchero

½ stecca di vaniglia, i semini estratti

20 g di amido di mais (maizena)

2 g di gelatina in fogli, ammollata in acqua fredda per 10 minuti e strizzato

Frolla sablée

150 g di farina tipo 00

75 g di burro freddo a pezzi

65 g di zucchero

1 uovo 8da 60 g)

Crema frangipane

30 g di mandorle pelate

30 g di zucchero

30 g di burro

30 g di uova, sbattute

1 cucchiaino di amido di mais (maizena)

PREPARAZIONE

Mousse alla vaniglia

1. Preparare uno stampo in silicone (Ø 16 cm e altezza 4 cm) (vedere varianti).
2. **Posizionare la farfalla**. Mettere nel boccale la panna e montare a **vel. 3**, fino a raggiungere il grado di montatura desiderato (panna montata). **Togliere la farfalla**. Trasferire la panna montata in una ciotola e riporre in frigorifero.
3. Senza lavarlo, mettere nel boccale il latte, i tuorli, lo zucchero, la vaniglia e l'amido di mais, cuocere: **4 min. 30 sec./80°C/vel. 4**.
4. Aggiungere la gelatina e amalgamare: **10 sec./vel. 3**. Lasciare intiepidire per qualche minuto all'interno del boccale fino a che la temperatura segnata sul display è 37°C, spatolando di tanto in tanto, poi trasferire la crema alla vaniglia in una ciotola capiente.
5. Riprendere dal frigorifero la panna montata e con una spatola da pasticceria, incorporare delicatamente poco per volta la panna montata alla crema alla vaniglia con movimenti dal basso verso l'alto.
6. Versare nello stampo in silicone preparato in precedenza (Foto 1) e riporre in congelatore per almeno 8 ore o fino a completo congelamento.

Frolla sablée

7. Mettere nel boccale la farina 00 e il burro, mescolare: **3 sec./vel. 6**. Riunire sul fondo con la spatola.
8. Aggiungere lo zucchero e l'uovo, impastare: **10 sec./vel. 5**. Trasferire l'impasto sul piano di lavoro, compattarlo con le mani, formando un panetto liscio. Avvolgere la frolla sablée nella pellicola trasparente e riporre in frigorifero per 1 ora.
9. Imburrare e infarinare una tortiera con il fondo apribile (Ø 20 cm).
10. Togliere la pasta frolla dalla pellicola trasparente e sistemarla tra due fogli di carta forno. Stendere la frolla con il matterello fino a raggiungere uno spessore di 4 mm circa. Togliere il foglio di carta forno superiore e, aiutandosi con la carta forno di base, capovolgere la frolla all'interno della tortiera. Con i polpastrelli, fare aderire la pasta frolla al fondo e ai bordi della tortiera, rialzando questo ultimi di 3 cm circa. Riporre la tortiera in frigorifero per 2 ore.

Crema frangipane

11. Mettere nel boccale le mandorle e 10 g di zucchero, polverizzare: **8 sec./vel. 7**. Trasferire in una ciotola.

Continua a pagina **124** ▶

 3 h

 23 h

 10 fette

 avanzato

 Valori nutritivi per fetta: 2163 kJ / 517 kcal / proteine 7 g / carboidrati 71 g / grassi 23 g

▶ Continua da pag **122**

Gelée al frutto della passione
130 g di polpa di frutto
    della passione
85 g di acqua
75 g di zucchero
6 g di gelatina in fogli,
    ammollati in acqua fredda
    per 10 minuti e strizzati

Glassa a specchio
105 g di sciroppo di glucosio
50 g di acqua
105 g di zucchero
6 g di gelatina in fogli,
    ammollati in acqua fredda
    per 10 minuti e strizzati
105 g di cioccolato bianco
    a pezzi piccoli
70 g di latte condensato zuccherato
1 pizzico di colorante alimentare
    rosso in polvere

Terminare la preparazione
meringhe piccole, a piacere

UTENSILI UTILI
pellicola trasparente
tortiera con fondo apribile
    (Ø 20 cm)
carta forno
matterello, ciotola
forchetta
spatola a gomito in metallo
colino a maglia fine
stampi in silicone
spatola da pasticceria
gratella

12. Mettere nel boccale il burro e sciogliere: **3 min./37°C/vel. 1**.
13. Aggiungere l'uovo, i 20 g di zucchero rimasti, l'amido di mais e le mandorle tritate, mescolare: **20 sec./vel. 4**. Trasferire in una ciotola e tenere da parte.
14. Preriscaldare il forno a 170°C in modalità ventilato. Riprendere la base dal frigorifero e bucherellarne il fondo con i rebbi di una forchetta.
15. Cuocere in forno caldo per 20 minuti (170°C). Senza spegnerlo, togliere con attenzione la teglia dal forno e versare la crema di mandorle sulla base (Foto 2), livellare con una spatola a gomito e cuocere ancora per 15 minuti (170°C). Togliere con attenzione dal forno e lasciare raffreddare completamente a temperatura ambiente.

Gelée al frutto della passione
16. Mettere nel boccale la polpa del frutto della passione e frullare: **10 sec./vel. 9**. Sistemare sopra una ciotola un colino a maglia fine e filtrare il succo del frutto della passione (vedere consigli).
17. Mettere nel boccale l'acqua e lo zucchero, sciogliere: **3 min./90°C/vel. 2**.
18. Aggiungere la gelatina e amalgamare: **10 sec./vel. 3**.
19. Unire il succo di frutto della passione e amalgamare: **20 sec./vel. 4**. Lasciare intiepidire all'interno del boccale fino a che la temperatura segnata sul display è di 37°C, mescolando di tanto in tanto con la spatola.
20. Versare la gelée sulla crostata e riporre in frigorifero per almeno 4 ore o fino a quando la gelée si sarà completamente solidificata.

Glassa a specchio
21. Mettere nel boccale il glucosio, l'acqua e lo zucchero, cuocere: **5 min./105°C/vel. 2**.
22. Aggiungere la gelatina e amalgamare: **10 sec./vel. 3**.
23. Unire il cioccolato bianco, il latte condensato e il colorante, amalgamare: **1 min./vel. 3**. Lasciare intiepidire per qualche minuto fino a che sul display sarà indicata la temperatura di 37°C, spatolando di tanto in tanto.

Terminare la preparazione
24. Sistemare una gratella su un vassoio largo rivestito di carta forno. Sformare la mousse ancora congelata sulla gratella e glassarla completamente versando la glassa a specchio su tutta la superficie e facendola colare lungo i bordi fino a ricoprirli (vedere consigli) (Foto 3).
25. Sollevare la mousse glassata con una paletta larga e adagiarla delicatamente sulla gelée al frutto della passione (Foto 4). Riporre in frigorifero per 4 ore.
26. Sistemare sulla superficie delle meringhette e spolverizzarvi sulla gelée delle meringhe sbriciolate.
27. Servire.

TORTA AI FRUTTI ESOTICI

INGREDIENTI

Base

120 g di pan di Spagna, un disco
(Ø 20 cm e altezza 1 cm circa)
liquore al cocco q.b.
o Rum bianco q.b.

Mousse al cocco

250 g di ricotta fresca, sgocciolata
dal siero
40 g di cocco disidratato
grattugiato
85 g di latte condensato zuccherato
2 g di gelatina in fogli, ammollata
in acqua fredda per 10 minuti
e strizzata
2 cucchiai di liquore al cocco
o di Rum bianco

Gelée al mango

100 g di acqua
85 g di zucchero
6 g di gelatina in fogli, ammollati
in acqua fredda per 10 minuti
e strizzati
100 g di polpa di mango a tocchetti

UTENSILI UTILI

stampo ad anello (Ø 20 cm)
pennello da pasticceria
fogli di acetato
pentolino
spatola a gomito in metallo

PREPARAZIONE

Base

1. Sistemare nel centro di un vassoio un anello di acciaio da pasticceria (Ø 20 cm) e foderare i bordi con un foglio di acetato (o di carta forno). Mettere al suo interno il disco di pan di Spagna e spennellarlo leggermente con del liquore.

Mousse al cocco

2. Mettere nel boccale la ricotta, il cocco e il latte condensato, mescolare: **20 sec./vel. 4**.

3. In un pentolino, sciogliere la gelatina insieme a 2 cucchiai di Rum, poi unirla nel boccale e amalgamare: **10 sec./vel. 3**. Versate la mousse sulla base di pan di Spagna, livellare con una spatola a gomito e riporre nella parte più fredda del frigorifero per 1 ora. Nel frattempo, pulire il boccale e preparare la gelée al mango.

Gelée al mango

4. Mettere nel boccale l'acqua e lo zucchero, sciogliere: **3 min./90°C/vel. 2**.

5. Aggiungere la gelatina e amalgamare: **10 sec./vel. 3**.

6. Unire la polpa di mango e frullare: **1 min./vel. 8**. Lasciare intiepidire fino a che la temperatura nel display segna 37°C, mescolando di tanto in tanto con la spatola. Versare la gelée sulla mousse e riporre in frigorifero per 6 ore.

7. Sformare la torta su un piatto da portata e servire.

 1 h

 8 h 10 min

 8 fette

 medio

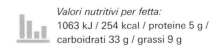
Valori nutritivi per fetta:
1063 kJ / 254 kcal / proteine 5 g /
carboidrati 33 g / grassi 9 g

Scansiona il QR code per collegarti direttamente alla ricetta del Pan di Spagna presente su Cookidoo®

CUPOLETTE AL LIMONE

INGREDIENTI

Cupole

2 uova (da 60 g)

¼ di stecca di vaniglia, i semini estratti

60 g di zucchero

30 g di farina tipo 00

30 g di fecola di patate

½ cucchiaino di lievito in polvere per dolci

1 pizzico di sale

Crema al limone

2 limoni, preferibilmente biologici, la scorza (senza la parte bianca) e il succo

100 g di zucchero

480 g di latte intero

4 tuorli

50 g di amido di mais (maizena)

Bagna al limoncello

1 limone, preferibilmente biologico, la scorza (senza la parte bianca)

35 g di zucchero

50 g di acqua

70 g di limoncello

Assemblaggio

70 g di zucchero

600 g di panna (min. 30% di grassi) fredda

50 g di limoncello

20 g di latte intero

Terminare la preparazione

100 g di panna (min. 30% di grassi) fredda

scorze di limone, a piacere

PREPARAZIONE

Cupole

1. Preriscaldare il forno a 170°C. Preparare sul piano di lavoro uno stampo in silicone con 8 cupolette (Ø 8 cm ciascuna) e tenerlo da parte.
2. **Posizionare la farfalla**. Mettere nel boccale le uova, la vaniglia e lo zucchero, montare: **5 min./37°C/vel. 4**.
3. Aggiungere la farina 00, la fecola, il lievito e il sale distribuendoli intorno alla farfalla, mescolare: **5 sec./vel. 3**. **Togliere la farfalla** e mescolare delicatamente il composto con la spatola.
4. Versare il composto nello stampo in modo da riempire le cupolette e cuocere in forno caldo per 25-30 minuti (170°C). Togliere con attenzione dal forno e lasciare raffreddare completamente. Nel frattempo, preparare la crema al limone.

Crema al limone

5. Nel boccale pulito e asciutto, mettere lo zucchero e la scorza dei limoni, polverizzare: **15 sec./vel. 10**. Riunire sul fondo con la spatola.
6. Aggiungere il latte, i tuorli, l'amido di mais e 20 g di succo di limone, cuocere: **7 min./90°C/vel. 4**. Trasferire la crema in una ciotola, coprire con pellicola trasparente a contatto e fare raffreddare completamente a temperatura ambiente prima di riporre in frigorifero.

Bagna al limoncello

7. Mettere nel boccale la scorza di limone, lo zucchero e l'acqua, cuocere: **5 min./80°C/↻/vel. 1**.
8. Unire il limoncello. Sistemare un colino a maglia fine sopra una ciotola capiente e filtrare la bagna, poi lasciare raffreddare.

Assemblaggio

9. Nel boccale pulito e asciutto, mettere lo zucchero e polverizzare: **10 sec./vel. 10**. Riunire sul fondo con la spatola.
10. **Posizionare la farfalla**, aggiungere la panna e montare a **vel. 3**, fino a raggiungere il grado di montatura desiderato (panna montata). **Togliere la farfalla**.

Continua a pagina **130** ▶

 40 min   9 h   5 pezzi   medio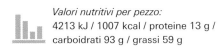

Valori nutritivi per pezzo:
4213 kJ / 1007 kcal / proteine 13 g / carboidrati 93 g / grassi 59 g

▶ Continua da pag **128**

UTENSILI UTILI

stampo in silicone semisfere
(Ø 8 cm)
coltellino
spremiagrumi
colino a maglia fine
ciotola
pellicola trasparente
spatola da pasticceria
tasca da pasticceria e beccucci
gratella
pennello da pasticceria
vassoio
piattini da dessert

11. Unire alla crema al limone 300 g di panna montata, 50 g di limoncello e con una spatola da pasticceria amalgamare delicatamente con movimenti dal basso verso l'alto. Trasferire la crema al limone all'interno di una tasca da pasticceria con bocchetta sottile e lunga e tenere da parte. Riporre la panna montata rimasta in frigorifero sino al momento di utilizzo.

12. Sformare delicatamente le cupolette, poi riporle nuovamente all'interno dello stampo. Utilizzando la punta di un coltellino, forare la base di ciascuna cupoletta e farcire con abbondante crema al limone. Sistemare le cupolette farcite sopra una gratella e riporre la crema al limone rimasta in frigorifero.

13. Spennellare le cupole con la bagna al limoncello (vedere consigli) e disporle sopra un vassoio. Riporre il vassoio in congelatore per 1 ora.

14. Alla crema avanzata dal riempimento delle cupole, unire 300 g di panna montata rimasta e il latte, aggiungendone se necessario, fino ad ottenere una consistenza fluida e liscia, mescolando delicatamente, formando così la glassa di copertura.

15. Intingere completamente ciascuna cupoletta all'interno della glassa ed eliminare l'eccesso, trasferire man mano sui piattini da dessert. Riporre in frigorifero per almeno 6 ore (vedere consigli).

Terminare la preparazione

16. **Posizionare la farfalla**. Mettere nel boccale la panna e montare a **vel. 3** sino a raggiungere il grado di montatura desiderato (panna montata). **Togliere la farfalla** e trasferire la panna montata in una tasca da pasticceria con la bocchetta a stella.

17. Decorare le delizie con la panna montata e con qualche scorzetta di limone prima di servire.

CONSIGLI

• Per inzuppare le cupolette in modo uniforme è possibile utilizzare una bottiglia per bagne.
• Le cupolette al limone si conservano in frigorifero per 2-3 giorni. Oppure, se riposte all'interno di un contenitore con chiusura ermetica, si possono congelare e, al momento di servire, scongelare e glassarle.
• La glassa che avanza può essere conservata in frigorifero per 1-2 giorni e servita come dessert al bicchiere, accompagnata da qualche biscottino.

TORTA RICOTTA E PISTACCHIO

INGREDIENTI

Biscuit al pistacchio

2 albumi

2 gocce di succo di limone

50 g di pistacchi al naturale
sgusciati e spellati

35 g di farina tipo 00

50 g di burro morbido a pezzi

40 g di zucchero

1 pizzico di lievito in polvere per
dolci

Crema al pistacchio

40 g di zucchero

50 g di pistacchi al naturale
sgusciati e spellati

50 g di latte

50 g di cioccolato bianco a pezzi

35 g di burro a pezzi

Crema alla ricotta

75 g di zucchero

½ stecca di vaniglia, i semini
estratti

200 g di panna (min. 30% di grassi)

300 g di ricotta di pecora, scolata
dal siero

Terminare la preparazione

zucchero a velo, a piacere

pistacchi tritati, a piacere

PREPARAZIONE

1. Preriscaldare il forno a 180°C. Foderare con carta forno la placca del forno e sistemarvi sopra due anelli in acciaio (Ø 18 cm).

Biscuit al pistacchio

2. **Posizionare la farfalla**. Mettere nel boccale gli albumi e il limone, montare: **2 min./vel. 3.5**. **Togliere la farfalla** e trasferire in una ciotola.

3. Nel boccale pulito e asciutto, mettere i pistacchi e la farina 00, polverizzare: **15 sec./vel. 10**. Riunire sul fondo con la spatola.

4. Aggiungere il burro, lo zucchero e il lievito, mescolare: **20 sec./vel. 3**. Trasferire in una ciotola capiente e unire gli albumi montati a neve, incorporandoli delicatamente con una spatola da pasticceria con movimenti dal basso verso l'alto. Dividere equamente il composto tra i due anelli preparati.

5. Cuocere in forno caldo per 20 minuti (180°C). Togliere con attenzione dal forno e lasciare raffreddare completamente, poi sformare.

Crema al pistacchio

6. Mettere nel boccale lo zucchero e i pistacchi, polverizzare: **15 sec./vel. 10**. Riunire sul fondo con la spatola.

7. Unire il latte e scaldare: **2 min./100°C/vel. 3**.

8. Aggiungere il cioccolato bianco e il burro, mescolare: **2 min./vel. 2**. Versare la crema al pistacchio in un vasetto a chiusura ermetica e fare raffreddare, poi chiudere il vasetto con il suo coperchio e riporre in frigorifero.

Crema alla ricotta

9. Nel boccale pulito e asciutto, mettere lo zucchero e i semini di vaniglia, polverizzare: **10 sec./vel. 10**. Trasferire in un ciotola e tenere da parte.

10. **Posizionare la farfalla**. Mettere nel boccale la panna e montare a **vel. 3**, fino a raggiungere il grado di montatura desiderato (panna montata). **Togliere la farfalla**. Trasferire la panna montata in una ciotola e tenere da parte.

11. Mettere nel boccale la ricotta e lo zucchero a velo vanigliato, amalgamare: **10 sec./vel. 3**. Trasferire la crema in una ciotola e incorporare delicatamente la panna montata poco per volta, mescolando dal basso verso l'alto, con una spatola da pasticceria.

Continua a pagina **134** ▶

 1 h

 8 h

 6 fette

 medio

Valori nutritivi per fetta:
2594 kJ / 620 kcal / proteine 12 g /
carboidrati 45 g / grassi 43 g

▶ Continua da pagina **132**

UTENSILI UTILI
carta forno
placca del forno
2 stampi ad anello (Ø 18 cm)
ciotola
spatola da pasticceria
vasetto a chiusura ermetica
spatola a gomito in metallo
pellicola trasparente

Terminare la preparazione

12. Sistemare uno degli anelli di acciaio utilizzati per la cottura del biscuit al centro di un piatto da portata. Sistemare il primo disco di biscuit all'interno dell'anello di acciaio, facendolo scendere verso il fondo, versarvi sopra metà della crema alla ricotta e livellarla con una spatola a gomito.

13. Distribuire sulla crema circa 100 g di crema al pistacchio a cucchiaiate e ricoprire con la restante crema alla ricotta. Livellare la superficie del dolce con la spatola a gomito e chiudere con il secondo disco di biscuit al pistacchio, premendolo leggermente in modo da farlo aderire alla crema. Coprire la torta con un foglio di pellicola trasparente e riporre in frigorifero per 6 ore.

14. Togliere la torta dal frigorifero e adagiarla su un piatto per torte. Eliminare la pellicola trasparente e sfilare delicatamente l'anello di acciaio.

15. Spolverizzare a piacere la superficie con dello zucchero a velo e decorare con della granella di pistacchio.

16. Servire.

CONSIGLI
• La crema ai pistacchi non utilizzata si conserva in un vasetto chiuso in frigorifero per circa una settimana.

DESSERT ARANCIA, MANDORLE E ZAFFERANO

INGREDIENTI

Crumble allo zafferano

80 g di farina tipo 00
80 g di mandorle pelate
80 g di zucchero di canna
80 g di burro morbido a pezzi
1 bustina di zafferano in polvere

PREPARAZIONE

Crumble allo zafferano

1. Preriscaldare il forno a 180°C e foderare la placca del forno con carta forno.
2. Mettere nel boccale la farina 00 e le mandorle, polverizzare: **20 sec./vel. 10**. Riunire sul fondo con la spatola.
3. Aggiungere lo zucchero di canna, il burro e lo zafferano, mescolare: **8 sec./vel. 4**. Trasferire il composto sulla placca preparata e distribuirlo sbriciolato su tutta la superficie.

Continua a pagina **136** ▶

▶ Continua da pagina **135**

Mousse alla mandorla e miele
350 g di panna (min. 30% di grassi)
    fredda
150 g di bevanda a base
    di mandorle
20 g di miele
4 g di gelatina in fogli, ammollata
    in acqua fredda per 10 minuti
    e strizzata

Gelatina all'arancia
200 g di succo di arancia,
    spremuto fresco e filtrato
15 g di zucchero di canna
1 cucchiaio di succo di limone,
    spremuto fresco
4 g di gelatina in fogli, ammollata
    in acqua fredda per 10 minuti
    e strizzata

Terminare la preparazione
6 mandorle pelate

UTENSILI UTILI
placca del forno
carta forno
ciotola
spatola da pasticceria
pellicola trasparente

4. Cuocere in forno caldo per circa 15 minuti (180°C) fino a quando le briciole risulteranno croccanti. Togliere con attenzione dal forno e fare raffreddare. Nel frattempo, preparare la mousse alla mandorla e miele.

Mousse alla mandorla e miele

5. Nel boccale pulito e asciutto, **posizionare la farfalla**. Mettere nel boccale la panna e montare a **vel. 3**, fino a raggiungere il grado di montatura desiderato (panna semi montata). **Togliere la farfalla**. Trasferire la panna semi montata in una ciotola e riporre in frigorifero.

6. Mettere nel boccale 80 g di bevanda a base di mandorle, il miele e sciogliere: **3 min./70°C/vel. 2**.

7. Aggiungere la gelatina e amalgamare: **10 sec./vel. 3**.

8. Unire i restanti 70 g di bevanda a base di mandorle e amalgamare: **5 sec./vel. 2**. Trasferire in una ciotola e incorporare la panna semi montata poco per volta, amalgamando delicatamente dal basso verso l'alto, con la spatola da pasticceria.

9. Coprire la ciotola con pellicola trasparente e riporre a rassodare in frigorifero per 20 minuti. Nel frattempo, preparare la gelatina all'arancia.

Gelatina all'arancia

10. Mettere nel boccale il succo di arancia, lo zucchero e il succo di limone, scaldare: **5 min./70°C/vel. 3**.

11. Aggiungere la gelatina e amalgamare: **10 sec./vel. 3**. Trasferire in una ciotola, coprire con pellicola trasparente e riporre in frigorifero per 20 minuti.

Terminare la preparazione

12. Su un vassoio sistemare 6 bicchieri (capienza 200 cl circa). Distribuire sul fondo di ciascun bicchiere un po' di briciole di crumble (20 g circa), versarvi sopra un primo strato di mousse alle mandorle (30 g circa) e riporre in frigorifero per 10 minuti.

13. Riprendere il vassoio, versare sulla mousse alle mandorle uno strato di gelatina all'arancia (20 g circa) e riporre nuovamente in frigorifero per altri 10 minuti.

14. Distribuire sulla gelatina all'arancia un altro strato di briciole di crumble (15 g circa), versarvi un secondo strato di mousse alle mandorle (30 g circa) e riporre in frigorifero per 10 minuti.

15. Terminare con un ultimo strato di gelatina all'arancia e guarnire con una mandorla.

16. Servire.

 1 h   2 h 30 min   6 bicchieri   medio

Valori nutritivi per bicchiere:
2209 kJ / 528 kcal / proteine 6 g /
carboidrati 37 g / grassi 40 g

TORTA MAGICA AL CACAO E ARANCIA

INGREDIENTI

125 g di burro fuso freddo + q.b.
150 g di zucchero
1 arancia, preferibilmente biologica,
   la scorza (senza la parte bianca)
4 tuorli
1 cucchiaio di acqua fredda
1 cucchiaino di estratto di vaniglia
   naturale
65 g di farina tipo 00
50 g di cacao amaro in polvere
   + q.b.
500 g di latte intero caldo
4 albumi

UTENSILI UTILI

teglia quadrata (20x20 cm)
carta forno
ciotola
frusta
pellicola trasparente
piatto o alzatina per torte

PREPARAZIONE

1. Preriscaldare il forno a 150°C. Imburrare e foderare con un foglio di carta forno una tortiera quadrata (20x20 cm e altezza 8 cm) in modo che aderisca perfettamente al fondo e ai bordi.
2. Mettere nel boccale lo zucchero e la scorza dell'arancia, polverizzare: **20 sec./vel. 10**. Riunire sul fondo con la spatola.
3. **Posizionare la farfalla**. Unire i tuorli, montare: **6 min./37°C/vel. 3.5**.
4. Aggiungere l'acqua fredda e l'estratto di vaniglia, mescolare: **3 min./vel. 3.5**.
5. Unire il burro fuso e montare: **3 min./vel. 3.5**.
6. Con le lame in movimento a **vel. 3.5** aggiungere dal foro del coperchio la farina 00 e il cacao, un cucchiaio per volta, poi mescolare: **3 min./vel. 3.5**.
7. Con le lame in movimento **vel. 3.5** unire il latte a filo dal foro del coperchio e continuare a montare: **1 min./vel. 3.5**. **Togliere la farfalla**. Trasferire in una ciotola e tenere da parte. Pulire il boccale e la farfalla.
8. **Posizionare la farfalla**. Mettere nel boccale gli albumi e montare: **3 min./37°C/vel. 3.5**. **Togliere la farfalla**.
9. Incorporare delicatamente gli albumi montati a neve alla crema al cacao e amalgamare delicatamente con una frusta sino ad ottenere un composto liscio, poi versarlo all'interno della tortiera preparata.
10. Cuocere in forno caldo per 75-80 minuti (150°C). Togliere con attenzione dal forno e lasciare raffreddare completamente all'interno della tortiera.
11. Coprire la tortiera con pellicola trasparente e riporre in frigorifero per 2 ore (vedere consigli).
12. Riprendere la tortiera e sformare la torta su un piatto per torta.
13. Spolverizzare con cacao amaro e servire la torta tagliata a cubotti.

CONSIGLI

• Il riposo in frigorifero coperta da pellicola trasparente, sono necessari affinché si formino i 3 strati di consistenze differenti tipici della Torta magica. Ma è necessario utilizzare la tortiera della forma e delle dimensioni indicate e la procedura della ricetta.

 10 min   4 h   8 pezzi   facile   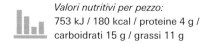 *Valori nutritivi per pezzo:* 753 kJ / 180 kcal / proteine 4 g / carboidrati 15 g / grassi 11 g

BAVARESE SU DACQUOISE ALLE NOCCIOLE CON CREMOSO AL CIOCCOLATO

INGREDIENTI

Dacquoise alle nocciole

50 g di riso a chicco corto
    tipo Originario
70 g di zucchero
80 g di nocciole spellate
100 g di albumi

Bavarese alle nocciole

50 g di nocciole spellate
500 g di panna (min. 30% di grassi)
    fredda
100 g di tuorli
60 g di zucchero
1 cucchiaio di Marsala
2 g di gelatina in fogli, ammollata
    in acqua fredda per 10 minuti
    e strizzata

Cremoso al cioccolato fondente

80 g di cioccolato fondente
    (70% di cacao) a pezzi
30 g di latte intero
2 g di gelatina in fogli, ammollata
    in acqua fredda per 10 minuti
    e strizzata

UTENSILI UTILI

tortiera con fondo apribile
    (Ø 24 cm)
carta forno
ciotola
spatola da pasticceria
pellicola trasparente
spatola a gomito in metallo
piatto da portata

PREPARAZIONE

Dacquoise alle nocciole

1. Preriscaldare il forno a 180°C. Foderare con carta forno una tortiera con fondo apribile (Ø 24 cm) e tenere da parte.
2. Mettere nel boccale il riso e polverizzare: **1 min./vel. 10**. Riunire sul fondo con la spatola.
3. Polverizzare ancora: **1 min./vel. 10**. Trasferire la farina di riso in una ciotola.
4. Mettere nel boccale lo zucchero e polverizzare: **10 sec./vel. 10**. Trasferire nella ciotola con la farina di riso e mescolare.
5. Mettere nel boccale le nocciole e polverizzare: **15 sec./vel. 8**. Riunire sul fondo con la spatola.
6. Aggiungere la farina di riso e lo zucchero a velo, mescolare: **10 sec./vel. 5**. Trasferire in una ciotola e tenere la polvere alle nocciole da parte. Lavare e asciugare il boccale.
7. **Posizionare la farfalla**. Mettere nel boccale gli albumi e montare: **4 min./37°C/vel. 3.5**. **Togliere la farfalla**. Trasferire gli albumi montati nella ciotola con la polvere alle nocciole e amalgamare delicatamente con una spatola da pasticceria con movimenti dal basso verso l'alto.
8. Versare il composto nella tortiera preparata e stenderlo uniformemente su tutta la superficie a uno spessore di 1 cm.
9. Cuocere in forno caldo per 15 minuti (180°C) tenendo l'anta del forno leggermente aperta (vedere consiglio). Togliere con attenzione dal forno e lasciare raffreddare completamente la dacquise all'interno della tortiera. Una volta fredda, riporre la tortiera in congelatore sino al momento di utilizzare. Nel frattempo, preparare la bavarese alle nocciole.

Bavarese alle nocciole

10. Nel boccale pulito e asciutto, mettere le nocciole e tritare: **5 sec./vel. 7**. Trasferire le nocciole tritate in una ciotola e tenere da parte.
11. Senza lavare il boccale, **posizionare la farfalla**. Mettere nel boccale la panna e montare a **vel. 3** fino ad ottenere il grado di montatura desiderato (panna montata). **Togliere la farfalla**. Trasferire in una ciotola, coprire con pellicola trasparente e riporre in frigorifero.

Continua a pagina **142** ▶

 1 h   9 h 30 min   12 porzioni   medio   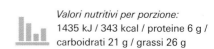 *Valori nutritivi per porzione:*
1435 kJ / 343 kcal / proteine 6 g / carboidrati 21 g / grassi 26 g

▶ Continua da pag **140**

12. Senza lavare il boccale, **posizionare la farfalla**. Mettere nel boccale i tuorli, lo zucchero e il Marsala, montare: **6 min./80°C/vel. 3.5**. **Togliere la farfalla**.

13. Aggiungere la gelatina e 30 g di nocciole tritate, amalgamare: **30 sec./vel. 3**. Lasciare intiepidire per qualche minuto all'interno del boccale, fino a che la temperatura sul display segna 37°C, spatolando di tanto in tanto.

14. Con la spatola da pasticceria, incorporare poco per volta 250 g di panna montata alla crema di nocciole nel boccale, con movimenti delicati dal basso verso l'alto.

15. Riprendere la dacquise dal congelatore e versarvi sopra la mousse alle nocciole, livellare con una spatola a gomito e riporre nella parte più fredda del frigorifero per 1 ora.

Cremoso al cioccolato fondente

16. Mettere nel boccale il cioccolato fondente e tritare: **10 sec./vel. 8**. Riunire sul fondo con la spatola.

17. Aggiungere il latte e sciogliere: **5 min./70°C/vel. 1**.

18. Unire la gelatina e amalgamare: **10 sec./vel. 3**. Lasciare intiepidire per qualche minuto all'interno del boccale, fino a che la temperatura sul display segna 37°C, spatolando di tanto in tanto.

19. Riprendere la panna montata rimasta e incorporarla poco per volta al cioccolato sciolto con la spatola da pasticceria, con movimenti delicati dal basso verso l'alto.

20. Riprendere la tortiera dal frigorifero, versare il cremoso al cioccolato sopra la bavarese alle nocciole e livellare con la spatola a gomito. Riporre nuovamente in frigorifero per 6 ore.

Terminare la preparazione

21. Sformare delicatamente la torta dallo stampo e sistemarla su piatto da portata.

22. Cospargere con le nocciole tritate rimaste e servire.

CONSIGLI

• Per mantenere l'anta del forno leggermente aperta è sufficiente incastrare il manico di un cucchiaio di legno tra l'anta e la superficie del forno.

TORTA RICOTTA E FICHI

INGREDIENTI

Frolla alle nocciole

110 g di farina tipo 00
50 g di nocciole spellate
75 g di burro freddo a pezzi
65 g di zucchero
1 uovo (da 60 g)
1 pizzico di sale

Ripieno fichi e cioccolato

225 g di fichi freschi, puliti e a pezzi
100 g di latte intero
15 g di amido di mais (maizena)
35 g di cioccolato fondente
    (70% di cacao) a pezzi

Crema alla ricotta

30 g di gherigli di noci
150 g di zucchero
350 g di ricotta di bufala fresca,
    scolata dal siero

Confettura di fichi

400 g di fichi freschi, puliti e a pezzi
160 g di zucchero
10 g di grappa
10 g di succo di limone,
    spremuto fresco

PREPARAZIONE

Frolla alle nocciole

1. Mettere nel boccale la farina 00 e le nocciole e polverizzare: **20 sec./vel. 10**. Riunire sul fondo con la spatola.
2. Aggiungere il burro, lo zucchero, l'uovo e il sale, impastare: **15 sec./vel. 5**. Trasferire l'impasto sul piano di lavoro, compattarlo in un panetto e avvolgerlo nella pellicola trasparente. Riporre in frigorifero per 30 minuti.
3. Preriscaldare il forno a 180°C. Preparare sul piano di lavoro la placca del forno.
4. Riprendere l'impasto, togliere la pellicola trasparente e sistemarlo tra due fogli di carta forno. Con un matterello stendere la frolla in un quadrato (20x20 cm) di spessore di 5 mm circa.
5. Togliere il foglio di carta forno superiore e sistemare la frolla stesa sulla placca del forno, mantenendo la carta forno di base.
6. Cuocere in forno caldo per 20 minuti (180°C). Togliere con attenzione dal forno e lasciare raffreddare completamente. Nel frattempo, preparare il ripieno.

Ripieno fichi e cioccolato

7. Nel boccale pulito e asciutto, mettere i fichi e frullare: **10 sec./vel. 9**. Riunire sul fondo con la spatola.
8. Aggiungere il latte e l'amido di mais, cuocere: **8 min./90°C/vel. 2**.
9. Unire il cioccolato e mescolare: **10 sec./vel. 4**. Versare in una teglia quadrata (20x20 cm) e riporre in congelatore per almeno 5 ore o fino a che il composto si sarà completamente indurito.

Crema alla ricotta

10. Mettere nel boccale le noci e tritare: **3 sec./vel. 7**. Trasferire le noci tritate in una ciotola e tenere da parte.
11. Mettere nel boccale lo zucchero e polverizzare: **10 sec./vel. 10**. Riunire sul fondo con la spatola.
12. Aggiungere la ricotta e amalgamare: **20 sec./vel. 4**.
13. Unire le noci tritate e amalgamare: **20 sec./↻/vel. 4**. Trasferire in una ciotola, coprire con pellicola trasparente e riporre in frigorifero fino al momento di utilizzare.

Continua a pagina **146** ▶

 45 min    10 h 30 min   8 fette   medio   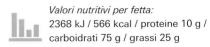

Valori nutritivi per fetta:
2368 kJ / 566 kcal / proteine 10 g /
carboidrati 75 g / grassi 25 g

▶ Continua da pag **144**

UTENSILI UTILI

pellicola trasparente
placca del forno
carta forno
matterello
teglia quadrata (20x20 cm)
ciotola
vasetto a chiusura ermetica
quadro di acciaio (20x20 cm)
spatola a gomito in metallo

Confettura di fichi

14. Mettere nel boccale i fichi, frullare: **10 sec./vel. 9**. Riunire sul fondo con la spatola.
15. Aggiungere lo zucchero, la grappa e il succo di limone, cuocere con il cestello al posto del misurino per evitare gli schizzi: **25 min./100°C/vel. 2**.
16. Proseguire la cottura sempre con il cestello al posto del misurino: **5 min./Varoma/vel. 2**. Trasferire la confettura di fichi in un vasetto con chiusura ermetica e lasciare raffreddare a temperatura ambiente, poi chiudere con il coperchio.

Terminare la preparazione

17. Sistemare in un piatto piano un quadro di acciaio (20x20 cm e altezza 4 cm) e sistemarvi all'interno il quadrato di pasta frolla alle nocciole. Versare sulla frolla uno strato di circa 0.5 cm di crema alla ricotta e livellarla con una spatola a gomito. Adagiarvi sopra il composto congelato di crema di fichi e cioccolato e ricoprire con la rimanente crema di ricotta, poi livellare la superficie con la spatola a gomito. Coprire la torta con pellicola trasparente e riporre in congelatore per 3 ore.
18. Riprendere la torta dal congelatore e adagiarla su un piatto da portata. Lasciare a temperatura ambiente per 20 minuti, poi sformarla, sfilando delicatamente il quadro di acciaio.
19. Versare sulla superficie della torta la confettura di fichi e stenderla con la spatola a gomito.
20. Servire (vedere consigli).

CONSIGLI

• Se non si consuma tutta, conservare la torta in congelatore.

NEL VASSOIO E SUL PIATTO

Come servire e trasportare i dolci preparati

Ultima fase, ma non meno importante, è il **servizio**. Anche il servire un dolce segue un suo galateo, poiché è necessario farlo in maniera adeguata, sia nel momento in cui si è il padrone di casa che quando si è ospiti.

Quando si invitano delle persone a pranzo o a cena o anche per un te pomeridiano, servire bene un dolce è fondamentale per conquistare i propri ospiti. Innanzitutto, la prima cosa da tenere in considerazione quando si vuole fare una presentazione ad hoc è il **colore**, quindi nella scelta del piatto sceglierlo di un colore che contrasti con la preparazione. Ad esempio, se si prepara un dolce alla crema o alla panna, quindi fondamentalmente bianco, sarà indispensabile presentarlo in un piatto scuro, mentre se il dolce è con il caffè, con il cioccolato o con la nocciola, è indicato un piatto colorato.

Una volta scelto il piatto è necessario dedicarsi alla sua decorazione. Basta una semplice spolverizzata di cacao o di zucchero a velo per rendere la presentazione elegante e di effetto. Oppure per conferire un tocco di colore utilizzare della frutta fresca colorata, come fragole o fragoline di bosco, mirtilli, lamponi ecc, che oltre a conferire colore, daranno al dolce profumo e anche sapore. Scegliere sempre una frutta che si sposa con gli ingredienti del dolce che si va a servire.

La parola d'ordine comunque rimane sempre semplicità e pulizia: un dolce al piatto servito con pochi elementi decorativi risulterà sempre un piatto fine ed elegante.

Se invece si servono dei dolci al cucchiaio, è necessario avere a disposizione per quanto possibile, coppe, coppette, bicchieri e bicchierini di svariate forme e colori, nonché forchettine e cucchiaini con i quali poter mangiare il dolce.

Anche in questo caso, la parola d'ordine è colore. Un colore che entri in contrasto, ma che allo stesso tempo si sposi alla perfezione con il gusto del dolce. Da utilizzare sopra il dolce sotto forma di topping, di granella di frutta secca, di meringa o di cioccolato, di frutta fresca, secca o candita, gli ingrediente usati per decorare un dolce al cucchiaio lo devono rendere bello e colorato.

Se invece si servono dei pasticcini, ricordarsi sempre di riporli all'interno di un pirottino da bon bon in modo tale che l'ospite non tocchi direttamente il dolcetto, ma lo prenda dal vassoio toccando solamente il pirottino. Per un effetto wow sistemare i pasticcini in maniera ordinata sopra un vassoio, creando un arcobaleno colorato. È buona regola non portare mai direttamente il pasticcino alla bocca subito dopo averlo preso dal vassoio, ma poggiarlo prima sul piattino che si ha davanti e poi mangiarlo.

Infine, se si serve una torta, portarla in tavola intera, sopra un bel piatto per torte o ancora meglio sopra un'alzatina e tagliarla davanti ai propri ospiti.

Se si tratta di una torta "secca" è sufficiente servirla sopra un tovagliolo, preferibilmente di stoffa, mentre se si tratta di una torta farcita con panna e creme, è buona regola servirla sopra un piattino corredato di cucchiaino o forchettina.

Se invece si è ospiti e si desidera portare come dono un dolce, allora è importante il mezzo con cui vengono trasportati. In pasticceria il dolce viene solitamente riposto su un vassoio rettangolare o tondo e coperto con la carta alimentare della pasticceria stessa.

Però se si realizza un dolce in casa, per creare l'effetto wow e lasciare i padroni di casa senza parole, è possibile realizzare da soli il box per trasportarlo. Bastano del cartoncino resistente e preferibilmente colorato, delle forbici, della colla, scotch, nastrino e molta fantasia.

CANNONCINI ALLA CREMA

INGREDIENTI

Pasta sfoglia

200 g di burro congelato a pezzi
(1-2 cm) + q.b.
200 g di farina tipo 0 + q.b.
90 g di acqua fredda
1 pizzico di sale

Crema pasticcera

300 g di latte intero
3 tuorli
80 g di zucchero
60 g di frumina
½ stecca di vaniglia, i semini
estratti

Terminare la preparazione

1 cucchiaio di latte intero
zucchero a velo, a piacere
(opzionale)
1 tuorlo

UTENSILI UTILI

pellicola trasparente
ciotola
matterello
placca del forno
carta forno
rotella liscia
cilindri per cannoli
ciotolina
pennello da pasticceria
tasca da pasticceria e beccucci
vassoio
pirottini di carta

PREPARAZIONE

Pasta sfoglia

1. Mettere nel boccale il burro, la farina 0, l'acqua e il sale, impastare: **20 sec./vel. 6**. Trasferire l'impasto sul piano di lavoro e compattarlo in un panetto omogeneo.
2. Avvolgere il panetto nella pellicola trasparente e riporre in frigorifero per 20 minuti. Nel frattempo, preparare la crema pasticcera.

Crema pasticcera

3. Nel boccale pulito mettere il latte, 3 tuorli, lo zucchero, la frumina e i semi di vaniglia, cuocere: **6 min./90°C/vel. 4**. Trasferire la crema pasticcera in una ciotola, coprire con pellicola trasparente a contatto e fare raffreddare completamente a temperatura ambiente.

Terminare la preparazione

4. Riprendere il panetto di pasta sfoglia, togliere la pellicola e adagiarlo sul piano di lavoro infarinato. Con un matterello, tirare la sfoglia in un rettangolo lungo 3 volte tanto la sua larghezza (60x20 cm circa). Ripiegare il rettangolo di pasta in tre parti e ruotare la sfoglia così ripiegata di 90° in modo da avere la piega sulla sinistra. Avvolgere nella pellicola trasparente e riporre in frigorifero per 20 minuti. Ripetere il processo di stesura, piegatura e riposo in frigorifero per altre tre volte, infarinando bene sia il piano di lavoro che l'impasto ad ogni passaggio. Durante l'ultimo riposo in frigorifero, preriscaldare il forno a 200°C e rivestire la placca del forno con carta forno.
5. Sul piano di lavoro infarinato, con il matterello, stendere la sfoglia in un rettangolo di spessore 5 mm circa e con una rotella liscia ritagliare, dal lato lungo, delle strisce di pasta della larghezza di 2 cm circa.
6. Imburrare e infarinare leggermente gli stampini conici o cilindrici per cannoli e arrotolarvi attorno le strisce di pasta, sino a coprire tutta la superficie dello stampino.

Continua a pagina **154** ▶

 1 h 30 min   3 h   24 pezzi   medio   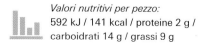 Valori nutritivi per pezzo:
592 kJ / 141 kcal / proteine 2 g /
carboidrati 14 g / grassi 9 g

▶ Continua da pagina **152**

7. In una ciotolina mescolare il tuorlo con un cucchiaio di latte e spennellare la superficie dei cannoli stando attenti a non farla colare troppo. Sistemare i cannoli sulla placca del forno precedentemente preparata e spolverizzarli a piacere con dello zucchero a velo.

8. Cuocere in forno caldo per 18-20 minuti circa (200°C) fino a che risulteranno dorati. Togliere con attenzione dal forno e lasciare raffreddare.

9. Sformare delicatamente i cannoncini dagli stampini e riempire una tasca da pasticceria con la crema pasticcera.

10. Su un vassoio, sistemare dei pirottini da bon bon. Riempire i cannoncini con la crema pasticcera e adagiarli sopra i pirottini.

11. Spolverizzare a piacere con dello zucchero a velo e servire (vedere consigli).

CONSIGLI

• Per conservare la fragranza e la croccantezza della pasta sfoglia, si consiglia di farcire i cannoli poco prima di servire.

• Sia i cannoncini che la crema pasticcera possono essere preparati in anticipo. Conservare i cannoncini in un luogo asciutto all'interno di un contenitore con chiusura ermetica, mentre la crema pasticcera può essere conservata in frigorifero, sempre coperta da pellicola trasparente a contatto.

BICCHIERINI CON CREMA AL LIMONE E BISCOTTI

INGREDIENTI

80 g di biscotti secchi
    + 8 per la guarnizione

40 g di limoncello

1 limone, preferibilmente biologico,
    la scorza (senza la parte bianca)
    e il succo

90 g di zucchero

500 g di latte intero

4 tuorli

40 g di frumina

PREPARAZIONE

1. Mettere nel boccale i biscotti e tritare: **3 sec./vel. 6**. Trasferire in una ciotola.

2. Irrorare i biscotti tritati con il limoncello, mescolare brevemente per farlo assorbire e tenere da parte.

3. Mettere nel boccale lo zucchero e la scorza del limone, polverizzare: **15 sec./vel. 10**. Riunire sul fondo con la spatola.

Continua a pagina **156** ▶

▶ Continua da pagina **155**

UTENSILI UTILI

ciotola
coltellino
spremiagrumi
colino a maglia fine
pellicola trasparente
bicchieri

4. Aggiungere il latte, i tuorli, la frumina e 20 g di succo di limone, cuocere: **7 min./90°C/vel. 4**. Trasferire la crema al limone in una ciotola, coprire con pellicola trasparente a contatto e fare intiepidire.

5. Suddividere i biscotti tritati sul fondo di 8 bicchieri (capienza 150 cl circa), versarvi sopra la crema al limone ancora tiepida e lasciare raffreddare completamente.

6. Servire guarnendo ciascun bicchiere con un biscotto intero (vedere consigli).

CONSIGLI

• Se non si utilizzano subito, coprire i bicchierini con della pellicola trasparente e conservare i bicchieri in frigorifero fino al momento di servire.

 20 min   1 h 30 min   8 bicchieri   facile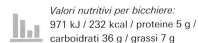

Valori nutritivi per bicchiere:
971 kJ / 232 kcal / proteine 5 g / carboidrati 36 g / grassi 7 g

CESTINI DI CREMA E FRUTTA

INGREDIENTI

Pasta frolla

125 g di zucchero
1 limone, preferibilmente biologico,
  la scorza (senza la parte bianca)
125 g di burro freddo a pezzi
250 g di farina tipo 00
1 uovo (da 60 g)

Crema pasticcera

500 g di latte intero
4 tuorli
100 g di zucchero
40 g di farina tipo 00

Terminare la preparazione

10 mirtilli freschi
1 rametto di ribes rosso
3 fragole a fettine sottili
1 kiwi, sbucciato e a fette sottili
1 mandarino, sbucciato e a fette
10 more fresche

UTENSILI UTILI

pellicola trasparente
ciotola
formine per crostatine (3-4 cm)
carta forno
matterello
coppapasta (Ø 5 cm)
sfere da forno in ceramica
  o legumi secchi
placca del forno
tasca da pasticceria e beccucci
stuzzicadenti
pirottini di carta da bon bon

PREPARAZIONE

Pasta frolla

1. Mettere nel boccale lo zucchero e la scorza del limone, polverizzare: **15 sec./vel. 10**. Riunire sul fondo con la spatola.
2. Aggiungere il burro, la farina 00 e l'uovo, impastare: **20 sec./vel. 5**. Trasferire l'impasto sul piano di lavoro, compattarlo con le mani, formando un panetto liscio. Avvolgere la pasta frolla nella pellicola trasparente e riporre in frigorifero per 1 ora. Nel frattempo, preparare la crema pasticcera.

Crema pasticcera

3. Nel boccale pulito, mettere il latte, i tuorli, lo zucchero e la farina 00, cuocere: **7 min./90°C/vel. 4**. Trasferire la crema in una ciotola, coprire con pellicola trasparente a contatto e fare raffreddare a temperatura ambiente.

Terminare la preparazione

4. Preriscaldare il forno a 180°C e imburrare 30 stampini per mini crostatine (Ø 3-4 cm).
5. Togliere la pasta frolla dalla pellicola trasparente e sistemarla tra due fogli di carta forno. Stendere la frolla con il matterello fino a raggiungere uno spessore di 3-4 mm circa.
6. Togliere il foglio di carta forno superiore e, con un coppapasta dentellato (Ø 5 cm) ricavare dei dischi di impasto. Disporre i dischi di pasta all'interno degli stampini preparati, facendoli aderire bene sui bordi e bucherellarne la base con uno stuzzicadenti. Coprire l'interno dei cestini con un pezzo di carta forno e riempire con dei fagioli secchi o con le apposite sferette in ceramica. Sistemare le formine sulla placca del forno.
7. Cuocere in forno caldo per 12 minuti (180°C). Senza spegnerlo, togliere con attenzione la placca dal forno ed eliminare la carta forno con i pesi. Riporre la placca in forno e proseguire la cottua per altri 6-7 minuti (180°C) fino a completa doratura. Togliere con attenzione dal forno e lasciare raffreddare completamente.

Continua a pagina **160** ▶

 1 h

 3 h

 30 30 pezzi

 medio

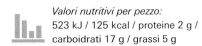 *Valori nutritivi per pezzo:*
523 kJ / 125 kcal / proteine 2 g /
carboidrati 17 g / grassi 5 g

► Continua da pagina **158**

8. Sformare i cestini di pasta frolla e riempire una tasca da pasticceria con beccuccio sottile con la crema pasticcera.

9. Su un vassoio, disporre dei pirottini da piccola pasticceria. Riempire i cestini di frolla con la crema pasticcera, adagiarli all'interno dei pirottini preparati e guarnirli con della frutta fresca a piacere (vedere consigli).

10. Servire subito o conservare in frigorifero (vedere consigli).

CONSIGLI

- Se si preparano i cestini anticipatamente, spennellare la frutta con un po' di gelatina di albicocche per evitare che si ossidi.
- I cestini farciti si possono conservare in frigorifero per 7-8 ore, riponendoli all'interno di un contenitore con chiusura ermetica
- I cestini di pasta frolla e la crema pasticcera, si possono preparare in anticipo rispetto al momento di utilizzo e farcirli e decorarli poco prima di portare in tavola. In questo caso, riporre i cestini di frolla all'interno di un contenitore con chiusura ermetica e conservarli in un luogo fresco e asciutto. La crema pasticcera invece, va riposta in frigorifero, sempre coperta da pellicola trasparente a contatto.
- Se non si hanno a disposizione le formine per crostatine, i cestini di frolla si possono realizzare in diversi modi e con diversi utensili.
  Un primo modo per realizzare i cestini è utilizzando la parte esterna di una teglia per muffin. Una volta stesa e ritagliata la pasta frolla e dopo aver imburrato le forme esterne della teglia, adagiare il cerchio di impasto sopra ciascuna forma di muffin, premendo delicatamente la pasta in modo da farla aderire alla teglia e acquisendo la forma di cestino (Foto 1).
  Sempre usando la teglia per muffin, ma la sua parte interna preventivamente imburrata, sistemarvi i cerchi di pasta frolla e spingerli delicatamente verso il basso con un bicchiere in modo che acquisiscano la forma del cestino (Foto 2).
  Una terza modalità di ottenere dei bei cestini di pasta frolla è quella di utilizzare dei pirottini di carta per muffin, precisamente la parte esterna. Adagiare il cerchio di pasta frolla sul pirottino, premere leggermente e sistemarli sulla placca del forno. In questo modo si otterranno anche dei cestini con la parte interna decorata, poiché assimileranno la rigatura dei pirottini (Foto 3).

BUDINO AI 3 COLORI

INGREDIENTI

Crema alla vaniglia

250 g di latte intero

2 tuorli

60 g di zucchero

½ stecca di vaniglia, i semini
   estratti

25 g di amido di mais (maizena)

1 cucchiaio di liquore Maraschino

PREPARAZIONE

Crema alla vaniglia

1. Foderare con pellicola trasparente uno stampo da budino troncoconico (Ø 12,5 cm e 15,5 cm).
2. Mettere nel boccale il latte, i tuorli, lo zucchero, i semi di vaniglia, l'amido di mais e il liquore, cuocere: **5 min./90°C/vel. 4**. Versare la crema nello stampo preparato, coprire con pellicola trasparente a contatto e fare raffreddare a temperatura ambiente, poi riporre in frigorifero per 1 ora.

Continua a pagina **162** ▶

► Continua da pagina 161

Mousse ai frutti rossi

150 g di panna (min. 30% di grassi)
80 g di fragole, pulite e a pezzi
50 g di frutti di bosco misti freschi
70 g di zucchero
12 g di gelatina in fogli,
    ammollata in acqua fredda
20 g di liquore Maraschino

Gelatina ai frutti di bosco

140 g di frutti di bosco misti freschi
70 g zucchero
1 cucchiaino succo di limone
2 foglie di menta fresca, lavate
20 g di liquore Maraschino
12 g gelatina in fogli, ammollata
    in acqua fredda e strizzata
250 g di fragoline di bosco fresche
    o di fragole, pulite e a dadini
60 g di pan di Spagna, un disco
    (Ø 15 cm e altezza 1,5 cm)
frutta fresca a piacere

UTENSILI UTILI

pellicola trasparente
stampo per budino
    (Ø 12,5 cm e 15,5 cm)
ciotola
pentolino
spatola da pasticceria
piatto da portata

Scansiona il QR
code per collegarti
direttamente alla
ricetta del Pan di
Spagna presente su
Cookidoo®

Mousse ai frutti rossi

3. Nel boccale pulito ed asciutto, **posizionare la farfalla**. Mettere la panna e montare a **vel. 3** fino a raggiungere il grado di montatura desiderato (panna montata). **Togliere la farfalla** e trasferire la panna montata in una ciotola.

4. Senza lavarlo, mettere nel boccale le fragole, i frutti di bosco e lo zucchero, frullare: **10 sec./vel. 7**. Riunire sul fondo con la spatola.

5. In un pentolino, mettere la gelatina e il liquore e sciogliere, poi unire il tutto alla purea nel boccale, amalgamare: **10 sec./vel. 3**. Trasferire in una ciotola.

6. Con una spatola da pasticceria, incorporare alla purea di frutti rossi la panna montata poco per volta, con movimenti delicati dal basso verso l'alto.

7. Riprendere lo stampo dal frigorifero e versare la mousse ai frutti rossi sopra il composto nello stampo, livellare con la spatola da pasticceria e rimettere il budino nella parte più fredda del frigorifero per almeno 30 minuti, finché comincia a prendere sufficiente consistenza per poter versarvi sopra la gelatina ai frutti di bosco.

Gelatina ai frutti di bosco

8. Mettere nel boccale i frutti di bosco, lo zucchero, il succo di limone e le foglioline di menta, frullare: **10 sec./vel. 7**. Riunire sul fondo con la spatola.

9. In un pentolino mettere il liquore e la gelatina, poi sciogliere a fuoco dolce. Unire la gelatina sciolta nel boccale e amalgamare: **10 sec./vel. 3**. Versare in una ciotola e incorporarvi le fragoline di bosco.

10. Riprendere lo stampo dal frigorifero, versare sopra la mousse la gelatina e livellare con la spatola da pasticceria. Coprire con il disco di pan di Spagna (vedere consigli) e avvolgere con pellicola trasparente. Riporre il budino nella parte più fredda del frigorifero per 5 ore.

11. Sformare il budino su un piatto da portata e guarnire a piacere con frutta fresca.

12. Servire.

CONSIGLI

- Per la preparazione del pan di Spagna, fare riferimento alla ricetta del Libro "Le mie ricette con Bimby®", dimezzandone le dosi.
- Se si preferisce, prima di sistemarlo sopra la gelatina ai frutti rossi, bagnare il pan di Spagna con un pochino di latte al quale si può aggiungere 1 cucchiaio di Maraschino.

---

 30 min

 8 h

10
10 porzioni

medio

Valori nutritivi per porzione:
979 kJ / 234 kcal / proteine 3 g /
carboidrati 34 g / grassi 8 g

VARIANTI
• A piacere, è possibile realizzare il budino in stampini di alluminio monoporzione.

FIOCCHI DI NEVE

INGREDIENTI

Impasto
300 g di latte intero
80 g di zucchero
10 g di lievito di birra fresco
250 g di farina tipo 00 + q.b.
250 g di farina manitoba
30 g di burro a tocchetti
½ stecca di vaniglia, i semini
    estratti
1 pizzico di sale

Crema di latte e ricotta
150 g di panna (min. 30% di grassi)
    fredda
110 g di zucchero
200 g di latte intero
20 g di amido di mais (maizena)
10 g di miele
½ stecca di vaniglia, i semini
    estratti
150 g di ricotta vaccina, sgocciolata
    dal siero

Terminare la preparazione
1 tuorlo
1 cucchiaio di latte intero

UTENSILI UTILI
pellicola trasparente
ciotola
spatola da pasticceria
pennello da pasticceria
tasca da pasticceria e beccucci
pirottini di carta
placca del forno
carta forno

PREPARAZIONE

Impasto

1. Mettere nel boccale il latte, lo zucchero e il lievito di birra, sciogliere: **3 min./37°C/vel. 2**.
2. Aggiungere la farina 00, la farina manitoba, il burro, la vaniglia e il sale, impastare: **3 min./꙳**. Si dovrà ottenere un impasto elastico e lavorabile (vedere consigli). Trasferire l'impasto in una ciotola capiente, compattarlo in una palla e coprire con pellicola trasparente. Lasciare lievitare in luogo tiepido al riparo da correnti d'aria fino al raddoppio del volume (2 ore circa).

Crema di latte e ricotta

3. Nel boccale pulito e asciutto, **posizionare la farfalla**, mettere la panna e montare a **vel. 3**, fino a raggiungere il grado di montatura desiderato (panna montata). **Togliere la farfalla**. Trasferire la panna in una ciotola e riporre in frigorifero fino al momento di utilizzare.
4. Senza lavarlo, mettere nel boccale 60 g di zucchero, il latte, l'amido di mais, il miele e la vaniglia, cuocere: **5 min./90°C/vel. 4**. Trasferire la crema al latte in una ciotola, coprire con pellicola trasparente a contatto e fare raffreddare completamente a temperatura ambiente, poi riporre in frigorifero per 1 ora. Lavare ed asciugare il boccale.
5. Mettere nel boccale 50 g di zucchero e polverizzare: **10 sec./vel. 10**. Trasferire 25 g in una ciotolina e tenere da parte.
6. Aggiungere nel boccale la ricotta e amalgamare: **20 sec./vel. 4**.
7. Unire la crema al latte ed amalgamare: **20 sec./vel. 4**. Trasferire la crema al latte e ricotta in una ciotola e, con una spatola da pasticceria, incorporare delicatamente poco per volta la panna montata, con movimenti dal basso verso l'alto. Coprire la ciotola con pellicola trasparente e riporre in frigorifero.

Continua a pagina **166** ▶

 1 h   5 h   30 pezzi   medio   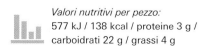 *Valori nutritivi per pezzo:* 577 kJ / 138 kcal / proteine 3 g / carboidrati 22 g / grassi 4 g

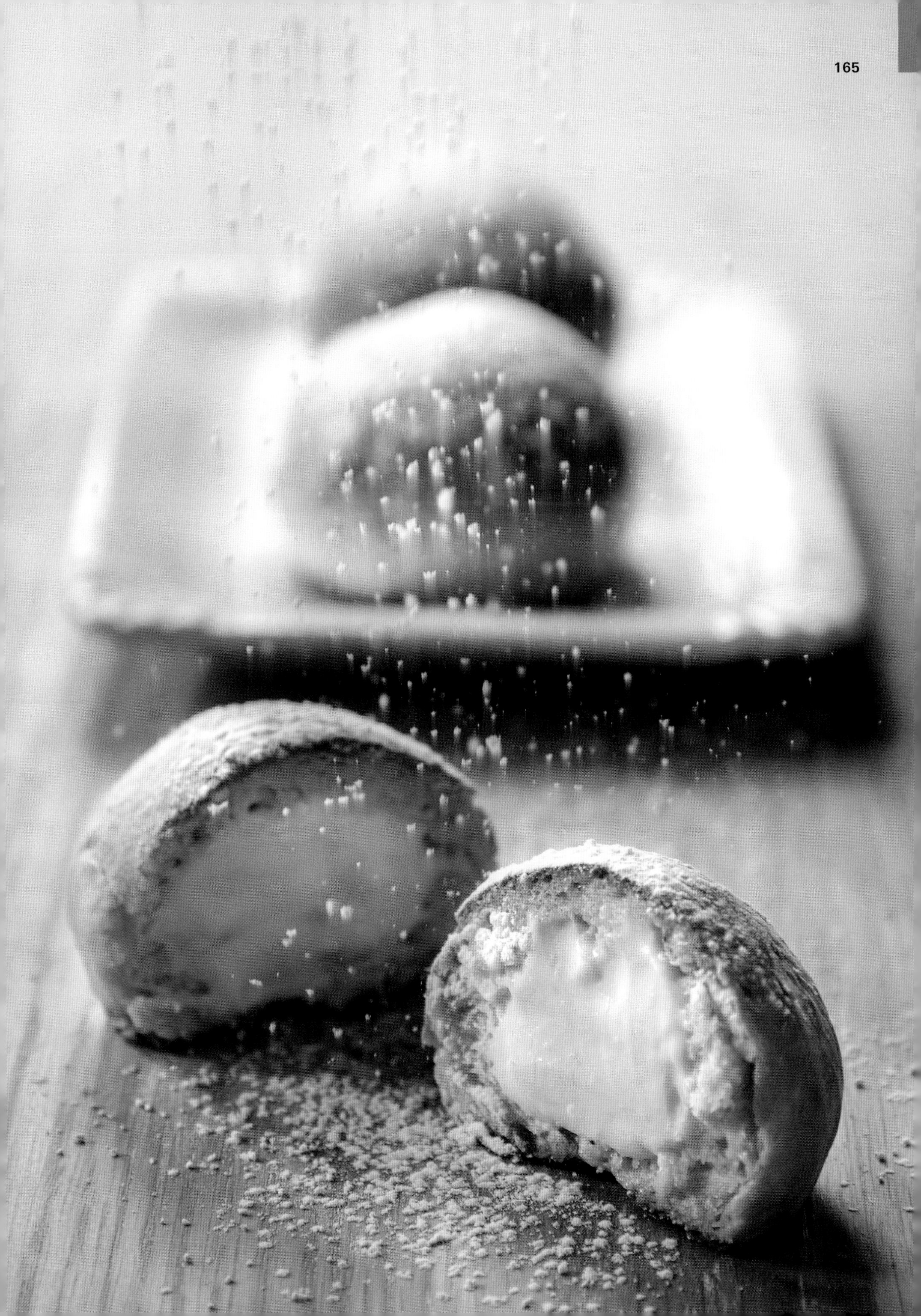

▶ Continua da pag **164**

Terminare la preparazione

8. Foderare la placca del forno con carta forno. Trasferire l'impasto lievitato sul piano di lavoro infarinato, formare 30 palline del peso di circa 30 g ciascuna e disporle sulla placca distanziandole tra loro. Coprire con pellicola trasparente e lasciare lievitare ancora per 1 ora circa.

9. Preriscaldare il forno a 180°C.

10. In una ciotolina, sbattere leggermente il tuorlo con 1 cucchiaio di latte e spennellare la superficie delle palline.

11. Cuocere in forno caldo per circa 18 minuti (180°C) fino a che risulteranno dorate. Togliere con attenzione la placca dal forno e lasciare intiepidire.

12. Trasferire la crema di latte e ricotta all'interno di una tasca da pasticceria con bocchetta lunga e stratta e sistemare dei pirottini da bon bon su un vassoio.

13. Quando le palline sono ancora tiepide (vedere consigli), forare delicatamente la base e farcire ciascuna pallina con la crema.

14. Sistemare i fiocchi di neve nei pirottini e spolverizzare a piacere con lo zucchero a velo tenuto da parte.

15. Servire.

CONSIGLI

- Qualora l'impasto dovesse risultare troppo morbido o troppo duro, aggiungere della farina 00 o del latte poco per volta e impastare: **30 sec.** sino ad ottenere un impasto elastico.
- Riempire i fiocchi quando sono ancora leggermente tiepidi per facilitarne la farcitura.
- Si conservano in frigorifero per 2 giorni riposti in un contenitore con chiusura ermetica.

TRIFLE ALLE FRAGOLE

INGREDIENTI

300 g di fragole, pulite e a tocchetti
1 cucchiaio di succo di limone
90 g di zucchero
250 g di latte intero
3 tuorli
½ stecca di vaniglia, i semini estratti
20 g di amido di mais (maizena)

Terminare la preparazione

200 g di panna (min. 30% di grassi) fredda
80 g di biscotti savoiardi a pezzi (vedere varianti)

UTENSILI UTILI

ciotola
pellicola trasparente
tasca da pasticceria e beccucci
bicchieri

PREPARAZIONE

1. Mettere in una ciotola le fragole, il succo di limone e 30 g di zucchero, amalgamare e coprire la ciotola con pellicola trasparente. Riporre a macerare in frigorifero per almeno 3 ore.
2. Mettere nel boccale il latte, i tuorli, 60 g di zucchero, i semini di vaniglia e l'amido di mais, cuocere: **6 min./90°C/vel. 4**. Trasferire la crema in una ciotola, coprire con pellicola trasparente a contatto e lasciare raffreddare a temperatura ambiente. Poi trasferire la crema pasticcera in una tasca da pasticceria.

Terminare la preparazione

3. Nel boccale pulito ed asciutto, **posizionare la farfalla**. Mettere la panna e montare a **vel. 3** fino a raggiungere il grado di montatura desiderato (panna montata). **Togliere la farfalla**, trasferire la panna montata in una tasca da pasticceria con bocchetta liscia e riporre in frigorifero.
4. Disporre sul fondo di 4 bicchieri la metà dei savoiardi e sistemarvi sopra 2 cucchiai di fragole macerate con lo sciroppo che si sarà formato. Con la crema pasticcera, formare un primo strato sopra le fragole, poi creare un ulteriore strato con la panna montata. Ripetere l'operazione creando un altro strato di savoiardi, fragole, crema pasticcera e panna montata.
5. Guarnire ciascun bicchiere con qualche pezzo di fragola macerata e servire subito.

VARIANTI

- I savoiardi possono essere sostituiti con la stessa quantità di pan di Spagna. Per realizzare un pan di Spagna alto e soffice, fare riferimento alla ricetta del Libro "Le mie ricette con Bimbi®".

Scansiona il QR code per collegarti direttamente alla ricetta dei Savoiardi morbidi presente su Cookidoo®

 20 min 5 h 30 min 4 bicchieri facile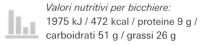

Valori nutritivi per bicchiere:
1975 kJ / 472 kcal / proteine 9 g / carboidrati 51 g / grassi 26 g

CREMOSO AL CAFFÈ

INGREDIENTI

Biscotto

30 g di zucchero
25 g di mandorle pelate
60 g di farina tipo 00 + q.b.
40 g di burro freddo a pezzi
1 tuorlo di uovo medio

Cremoso al caffè

100 g di panna (min. 30% di grassi)
200 g di latte intero
7 tuorli
75 g di zucchero
100 g di caffè espresso
    o fatto con la moka
8 g di gelatina in fogli, ammollata
    in acqua fredda per 10 minuti
    e poi strizzata

UTENSILI UTILI

pellicola trasparente
stampini in alluminio monoporzione
placca del forno
carta forno
coppapasta (Ø 8 cm)
gratella
piattini da dessert
matterello

PREPARAZIONE

Biscotto

1. Mettere nel boccale lo zucchero, le mandorle e la farina 00, polverizzare: **20 sec./vel. 10**. Riunire sul fondo con la spatola.
2. Aggiungere il burro e il tuorlo, impastare: **15 sec./vel. 5**. Trasferire l'impasto sul piano di lavoro infarinato e compattarlo in un panetto liscio. Avvolgere il panetto nella pellicola trasparente e riporre in frigorifero per 30 minuti. Nel frattempo, preparare il cremoso al caffè.

Cremoso al caffè

3. Nel boccale pulito e asciutto, mettere la panna, il latte, i tuorli, lo zucchero e il caffè, cuocere: **7 min./90°C/vel. 3**.
4. Unire la gelatina e amalgamare: **10 sec./vel. 3**. Trasferire il cremoso in 6 stampini di alluminio monoporzione e riporre in frigorifero per almeno 4 ore.

Terminare la preparazione

5. Preriscaldare il forno a 180°C. Foderare la placca del forno con carta forno.
6. Riprendere l'impasto del biscotto, togliere la pellicola trasparente e sistemarlo tra due fogli di carta forno, spolverizzando la carta forno alla base. Con il matterello stendere l'impasto fino a raggiungere uno spessore di 5 mm circa e togliere la carta forno di superficie.
7. Con un coppapasta (Ø 8 cm) ricavare 6 dischi e disporli sulla placca preparata.
8. Cuocere in forno caldo per 15-20 minuti (180°C). Togliere con attenzione dal forno, riporre i biscotti su una gratella e fare raffreddare completamente.
9. Sistemare i biscotti su singoli piattini da dessert, capovolgervi sopra i cremosi e sformare delicatamente.
10. Servire subito (vedere consigli).

CONSIGLI

- Spolverizzare a piacere con cacao dolce o servire con una salsa al cioccolato.
  Salsa al cioccolato: mettere nel boccale 50 g di cioccolato fondente a pezzi e tritare: **10 sec./vel.8**. Aggiungere 25 g di panna fresca e 25 g di caffè espresso, sciogliere: **5 min./50°C/vel. 2**. Fare raffreddare prima di utilizzare.

---

 45 min   5 h 30 min   6 pezzi   medio   Valori nutritivi per pezzo:
1489 kJ / 356 kcal / proteine 8 g /
carboidrati 32 g / grassi 22 g

VOL-AU-VENT LEGGERI

INGREDIENTI

Vol-au-vent
200 g di burro freddo a pezzi
200 g di farina tipo 00 + q.b.
90 g di acqua fredda
1 pizzico di sale
1 tuorlo, leggermente sbattuto

Crema di latte
80 g di zucchero
300 g di latte intero
30 g di amido di mais (maizena)

Terminare la preparazione
30 amarene sciroppate

UTENSILI UTILI

pellicola trasparente
matterello
placca del forno
carta forno
coppapasta (Ø 6 cm)
coppapasta (Ø 4 cm)
pennello da pasticceria
forchetta
gratella
ciotola
tasca da pasticceria e beccucci

PREPARAZIONE

Vol-au-vent

1. Mettere nel boccale il burro, la farina 00, l'acqua e il sale, impastare: **20 sec./vel. 6**. Trasferire l'impasto sul piano di lavoro e compattarlo con le mani in un panetto liscio. Avvolgere il panetto nella pellicola trasparente e riporre in frigorifero per 20 minuti.

2. Sul piano di lavoro infarinato, con un matterello, tirare la pasta in una sfoglia rettangolare lunga 3 volte tanto la sua larghezza (60x20 cm circa). Ripiegare il rettangolo di pasta in tre parti e ruotare la sfoglia di 90°, in modo da avere la piega sulla sinistra. Avvolgere la pasta nella pellicola trasparente e riporre in frigorifero per 20 minuti. Ripetere il processo di stesura, piegatura e riposo in frigorifero per altre tre volte.

3. Preriscaldare il forno a 200°C. Rivestire la placca del forno con carta forno e tenere da parte.

4. Riprendere la pasta sfoglia e, sul piano di lavoro infarinato, stenderla in un rettangolo di spessore 0,5 mm. Con un coppapasta liscio o a fiore (Ø 6 cm) ritagliare 10 dischi. Con un coppapasta più piccolo (Ø 4 cm) ricavare da 5 dei 10 dischi un anello e tenere da parte la pasta estratta. Spennellare i 5 dischi rimasti interi con il tuorlo sbattuto e adagiarvi sopra l'anello di pasta ottenuto. Con i rebbi di una forchetta bucherellare le basi e spennellare i bordi con il tuorlo. Con i ritagli di pasta, realizzare altri vol-au-vent seguendo lo stesso procedimento. Sistemare i vol-au-vent sulla placca preparata.

5. Cuocere in forno caldo per 15 minuti (200°C). Togliere con attenzione dal forno, riporre i vol-au-vent su una gratella e lasciare raffreddare completamente. Nel frattempo, preparare la crema di latte.

Crema di latte

6. Mettere nel boccale lo zucchero, il latte, l'amido di mais, cuocere: **7 min./90°C/vel. 4**. Trasferire la crema in una ciotola, coprire con pellicola trasparente a contatto e fare intiepidire a temperatura ambiente, prima di trasferirla in una tasca da pasticceria.

Terminare la preparazione

7. Farcire i vol-au-vent con la crema di latte, guarnire con un'amarena sciroppata e servire.

 30 min   2 h 30 min   30 pezzi   medio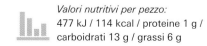

Valori nutritivi per pezzo:
477 kJ / 114 kcal / proteine 1 g / carboidrati 13 g / grassi 6 g

CONSIGLI
- Per conservare la fragranza e la croccantezza della pasta sfoglia si consiglia di farcire i vol-au-vent poco prima di servire.
- I vol-au-vent si possono preparare con qualche giorno di anticipo. In questo caso, conservarli in un contenitore con chiusura ermetica in un luogo fresco e asciutto.

PANNA COTTA ALLO YOGURT GRECO E PESCHE

INGREDIENTI

Panna cotta

250 g di panna (35% di grassi)

100 g di latte intero

200 g di yogurt greco

60 g di zucchero

1 cucchiaino di essenza di vaniglia

6 g di gelatina in fogli, ammollati in
    acqua fredda e strizzati

Coulis alle pesche

500 g di pesche nettarine,
    sbucciate e in quarti

50 g di zucchero

40 g di succo di limone, spremuto
    fresco e filtrato

UTENSILI UTILI

6 bicchierini

ciotoline

6 tazzine da caffè

PREPARAZIONE

Panna cotta

1. Mettere nel boccale la panna, il latte, lo yogurt, lo zucchero, l'essenza di vaniglia e cuocere: **6 min./80°C/vel. 3**.
2. Aggiungere la gelatina e amalgamare: **10 sec./vel. 3**. Trasferire il composto in 6 bicchierini, sistemarli inclinati leggermente all'interno di altrettante ciotoline o tazzine da caffè. Riporre in frigorifero a rassodare per almeno 4 ore.

Coulis alle pesche

3. Mettere nel boccale le pesche, lo zucchero e il succo di limone, frullare: **40 sec./vel. 9**. Riunire sul fondo con la spatola e, se si preferisce una coulis di pesche più liscia, ripetere l'operazione.
4. Riprendere i bicchierini di panna cotta e riporli in verticale. Versare la coulis di pesche sulla panna cotta e servire.

 10 min

 4 h 30 min

 6 bicchieri

facile

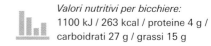

Valori nutritivi per bicchiere:
1100 kJ / 263 kcal / proteine 4 g /
carboidrati 27 g / grassi 15 g

DOLCE AL LATTE

INGREDIENTI

Dolce al latte

150 g di panna (min. 30% di grassi)

8 g di gelatina in fogli, ammollata
in acqua fredda per 10 minuti
e poi strizzata

300 g di ricotta fresca, scolata
dal siero

300 g di latte condensato
zuccherato

Biscotto

30 g di zucchero

25 g di mandorle pelate

60 g di farina tipo 00

40 g di burro freddo a pezzi

1 tuorlo di uovo medio

UTENSILI UTILI

stampini da muffin in silicone
o 6 stampini in alluminio
monoporzione

pellicola trasparente

placca del forno

carta forno

matterello

coppapasta (Ø 8 cm)

PREPARAZIONE

Dolce al latte

1. Mettere nel boccale la panna e scaldare: **3 min./80°C/vel. 1**.
2. Unire la gelatina e amalgamare: **10 sec./vel. 3**.
3. Aggiungere la ricotta e il latte condensato, mescolare: **30 sec./vel. 4**. Trasferire il composto in 6 stampini di alluminio monoporzione e riporre in frigorifero per almeno 4 ore. Nel frattempo, preparare il biscotto.

Biscotto

4. Nel boccale pulito e asciutto, mettere lo zucchero, le mandorle e la farina 00, polverizzare: **20 sec./vel. 10**. Riunire sul fondo con la spatola.
5. Aggiungere il burro e il tuorlo, impastare: **15 sec./vel. 5**. Trasferire l'impasto sul piano di lavoro, compattarlo con le mani e formare un panetto. Avvolgere il panetto nella pellicola trasparente e riporlo in frigorifero per 30 minuti.
6. Preriscaldare il forno a 180°C e foderare la placca del forno con carta forno.
7. Riprendere l'impasto, sistemarlo tra due fogli di carta forno e stenderlo con il matterello fino a raggiungere uno spessore di 5 mm circa.
8. Togliere il foglio di carta forno superiore. Con un coppapasta (Ø 8 cm) ricavare 6 dischi e disporli sulla placca preparata in precedenza.
9. Cuocere in forno caldo per 18-20 minuti (180°C) sino a che la superficie sarà dorata. Togliere con attenzione dal forno e lasciare raffreddare completamente.
10. Riprendere gli stampini e adagiarvi sopra ciascuno un biscotto. Capovolgere delicatamente il dolce sui piattini da dessert e sformarlo.
11. Servire subito (vedere consigli).

CONSIGLI
• Guarnire a piacere con mandorle a lamelle.

 30 min
 5 h
6
 6 pezzi
 facile
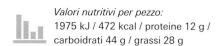 *Valori nutritivi per pezzo:*
1975 kJ / 472 kcal / proteine 12 g /
carboidrati 44 g / grassi 28 g

TARTELLETTE AL CIOCCOLATO BIANCO E FRUTTI DI BOSCO

INGREDIENTI

Frolla alle mandorle
65 g di zucchero
30 g di mandorle pelate
75 g di burro freddo a pezzi + q.b.
120 g di farina tipo 00 + q.b.
1 uovo (da 60 g)
1 pizzico di sale

Ganache al cioccolato bianco
180 g di panna (35% di grassi)
250 g di cioccolato bianco
    a pezzi piccoli

Terminare la preparazione
250 g di frutti di bosco misti

UTENSILI UTILI
pellicola trasparente
8 stampini per tartellette (Ø 10 cm)
matterello
coppapasta
forchetta
carta forno
sfere da forno in ceramica
    o legumi secchi
vassoio
ciotola

PREPARAZIONE

Frolla alle mandorle

1. Mettere nel boccale lo zucchero e le mandorle, polverizzare: **15 sec./vel. 10**. Riunire sul fondo con la spatola.
2. Aggiungere il burro, la farina 00, l'uovo e il sale, impastare: **15 sec./vel. 5**. Trasferire l'impasto sul piano di lavoro e compattarlo in un panetto, avvolgerlo nella pellicola trasparente e riporre in frigorifero per 1 ora.
3. Preriscaldare il forno a 180°C. Imburrare e infarinare 8 stampini da tartellette (Ø 10 cm).
4. Sul piano di lavoro leggermente infarinato stendere con un matterello la pasta frolla ad uno spessore di 3 mm e, con un coppapasta, ricavare 8 dischi della stessa dimensione degli stampi.
5. Rivestire con i dischi ottenuti gli stampini da tartellette e bucherellare la base con i rebbi di una forchetta. Ricoprire la superficie con carta forno e riempire con legumi secchi (o con le apposite sferette di ceramica).
6. Cuocere in forno per caldo per 20 minuti (180°C). Togliere con attenzione dal forno e fare raffreddare. Sformare e sistemare i gusci di frolla su un vassoio.

Ganache al cioccolato bianco

7. Mettere nel boccale la panna e scaldare: **2 min./90°C/vel. 1**.
8. Aggiungere il cioccolato bianco e mescolare: **1 min. 30 sec./vel. 3**. Trasferire la ganache in una ciotola, coprire con pellicola trasparente a contatto e riporre in frigorifero per 30 minuti.

Terminare la preparazione

9. Riempire i gusci di frolla con la ganache al cioccolato bianco e riporre il vassoio in frigorifero per 24 ore, fino a che la ganache si sarà completamente rappresa.
10. Servire decorando le tartellette con frutti di bosco a piacere.

CONSIGLI
- Per questa ricetta si consiglia di utilizzare un cioccolato bianco di ottima qualità.

 30 min   1 g 3h   8 pezzi   facile   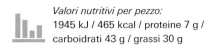

Valori nutritivi per pezzo:
1945 kJ / 465 kcal / proteine 7 g / carboidrati 43 g / grassi 30 g

BICCHIERINI CON CREMA AL GIANDUIA E TEGOLA ALLE NOCCIOLE

INGREDIENTI

Crema al gianduia
300 g di panna (min. 30% di grassi)
150 g di latte intero
150 g di cioccolato gianduia a pezzi
6 g di gelatina in fogli, ammollati
 in acqua fredda per 10 minuti
 e strizzati

Biscotto
50 g di zucchero
40 g di nocciole sgusciate
15 g di farina tipo 00
10 g di burro fuso
1 albume

Salsa al caramello
100 g di zucchero
1 cucchiaino di acqua
100 g di panna (min. 30% di grassi)

UTENSILI UTILI
10 bicchierini
ciotola
spatola da pasticceria
placca del forno
carta forno
cucchiaio
padella antiaderente
matterello

PREPARAZIONE

Crema al gianduia
1. Mettere nel boccale la panna, il latte e il cioccolato gianduia, cuocere: **8 min./80°C/vel. 3**.
2. Unire la gelatina e amalgamare: **10 sec./vel. 3**. Trasferire il composto in 10 bicchierini (da 150 cl) e riporre in frigorifero per 4 ore.

Biscotto
3. Mettere nel boccale lo zucchero, le nocciole e la farina 00, polverizzare: **20 sec./vel. 10**. Riunire sul fondo con la spatola.
4. Aggiungere il burro e mescolare: **5 sec./vel. 3**. Trasferire in una ciotola.
5. Nel boccale pulito ed asciutto, **posizionare la farfalla**, mettere l'albume e montare: **1 min./vel. 3.5**. **Togliere la farfalla**. Unire l'albume montato a neve al composto di nocciole e amalgamare con una spatola da pasticceria sino ad ottenere un composto omogeneo.
6. Preriscaldare il forno a 180°C. Foderare la placca del forno con carta forno.
7. Con un cucchiaio, disporre sulla placca delle piccole quantità di impasto (circa 10 g), leggermente distanziate tra loro. Bagnare il dorso del un cucchiaio e schiacciare ogni mucchietto di impasto, formando dei cerchi (Ø 5-6 cm e spessore 2-3 mm).
8. Cuocere in forno caldo per 5 minuti (180°C) poi abbassare la temperatura a 160°C e proseguire la cottura per altri 3 minuti fino a che risulteranno leggermente croccanti e bruniti. Togliere con attenzione dal forno e adagiare i biscotti su un mattarello, premere leggermente con il palmo della mano in modo tale da farli curvare e lasciare seccare sul mattarello.

Continua a pagina **182** ▶

 45 min   5 h 30 min   10 bicchieri   facile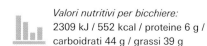

Valori nutritivi per bicchiere:
2309 kJ / 552 kcal / proteine 6 g /
carboidrati 44 g / grassi 39 g

▶ Continua da pagina **180**

Salsa al caramello

9. Mettere lo zucchero e l'acqua in una padella antiaderente e, sul fuoco a fiamma media, senza mai mescolare, lasciare che lo zucchero inizi a sciogliere, sino a che assumerà il colore dorato tipico del caramello.

10. Mettere nel boccale la panna e scaldare: **6 min./100°C/vel. 2** o fino a che lo zucchero nel padellino non sarà completamente caramellizzato, quindi se necessario prolungare il tempo di riscaldamento: **3 min./100°C/vel. 2**.

11. Quando lo zucchero è completamente sciolto, togliere il misurino e con le lame in movimento a **vel. 2** versare il caramello a filo dal foro del coperchio, poi proseguire la cottura: **5 min./100°C/vel. 3**. Trasferire in una ciotola e lasciare intiepidire.

Terminare la preparazione

12. Riprendere i bicchierini con la crema al gianduia dal frigorifero, versarvi sopra la salsa al caramello e guarnire con le tegole alle nocciole.

13. Servire subito.

MOUSSE AL PISTACCHIO CON CRUMBLE AL CACAO

INGREDIENTI

Crumble al cacao

50 g di farina tipo 00

40 g di zucchero di canna

30 g di burro morbido a tocchetti

20 g di cacao amaro in polvere

PREPARAZIONE

Crumble al cacao

1. Preriscaldare il forno a 180°C e foderare la placca del forno con carta forno.
2. Mettere nel boccale la farina 00, lo zucchero di canna, il burro e il cacao, impastare: **8 sec./vel. 4**. Trasferire il composto sulla placca preparata e distribuirlo sbriciolato su tutta la superficie.

Continua a pagina **184** ▶

▶ Continua da pagina **183**

Crema ai pistacchi

40 g di zucchero

50 g di pistacchi al naturale,
    sgusciati e spellati

50 g di latte intero

50 g di cioccolato bianco a pezzi

35 g di burro a tocchetti

**Mousse al mascarpone e
    pistacchio**

250 g di panna (min. 30% di grassi)
    fredda

250 g di mascarpone

pistacchi al naturale, sgusciati
    e spellati

UTENSILI UTILI

placca del forno

carta forno

vasetto a chiusura ermetica

ciotola

spatola da pasticceria

6 bicchieri

3. Cuocere in forno caldo per circa 15 minuti (180°C) fino a quando le briciole risulteranno croccanti. Togliere con attenzione dal forno e far raffreddare. Nel frattempo, preparare la crema ai pistacchi.

Crema ai pistacchi

4. Mettere nel boccale lo zucchero e i pistacchi, polverizzare: **15 sec./vel. 10**. Riunire sul fondo con la spatola.

5. Unire il latte e scaldare: **2 min./100°C/vel. 3**.

6. Aggiungere il cioccolato bianco e il burro, mescolare: **2 min./vel. 2**. Versare la crema ai pistacchi in un vasetto con chiusura ermetica, lasciare raffreddare completamente e poi chiuderlo con il coperchio.

Mousse al mascarpone e pistacchio

7. **Posizionare la farfalla**. Mettere nel boccale la panna e montare a **vel. 3**, fino a raggiungere il grado di montatura desiderato (panna montata). **Togliere la farfalla**. Trasferire la panna montata in una ciotola e riporre in frigorifero.

8. Mettere nel boccale il mascarpone e 50 g di crema ai pistacchi, amalgamare: **10 sec./vel. 4**. Trasferire la crema in una ciotola.

9. Incorporare la panna montata poco per volta alla crema di pistacchi e mascarpone, mescolando delicatamente dal basso verso l'alto, con una spatola da pasticceria.

10. Suddividere le briciole di crumble sul fondo di 6 bicchieri (capienza 150 cl circa), versarvi sopra la mousse al pistacchio e guarnire a piacere con qualche pistacchio.

11. Servire.

CONSIGLI

• La crema ai pistacchi che non si utilizza, può essere conservata nel vasetto chiuso in frigorifero per alcuni giorni.

---

 30 min

2 h

 6 bicchieri

 facile

Valori nutritivi per bicchiere:
2533 kJ / 605 kcal / proteine 8 g /
carboidrati 28 g / grassi 103 g

WHOOPIE AL CAFFÈ

INGREDIENTI

Whoopie

120 g di zucchero

120 g di yogurt greco bianco

120 g di burro morbido a pezzi

50 g di caffè espresso

1 uovo (da 60 g)

225 g di farina tipo 00

1 cucchiaino di estratto di vaniglia
naturale

75 g di cacao amaro in polvere

1 cucchiaino di lievito in polvere
per dolci

Crema al caffè

120 g zucchero

15 g di caffè solubile

300 g di burro a temperatura
ambiente e a pezzi

110 g latte

1 cucchiaino di estratto di vaniglia
naturale

UTENSILI UTILI

placca del forno

carta forno

tasca da pasticceria e beccucci

PREPARAZIONE

Whoopie

1. Preriscaldare il forno a 180°C. Foderare la placca del forno con carta forno.
2. Mettere nel boccale lo zucchero, polverizzare: **15 sec./vel. 10**. Riunire sul fondo con la spatola.
3. **Posizionare la farfalla**. Unire lo yogurt e il burro, montare: **5 min./vel. 3**. **Togliere la farfalla**.
4. Aggiungere, il caffè, l'uovo, la farina 00, la vaniglia e il cacao, mescolare: **20 sec./vel. 4**.
5. Unire il lievito e amalgamare: **10 sec./vel. 4**. Trasferire il composto in una tasca da pasticceria con bocchetta liscia (2 cm).
6. Formare delle semisfere di Ø 3-4 cm circa, facendo scendere il composto dalla tasca da pasticceria sulla placca preparata, distanziandole abbastanza poiché in cottura tenderanno ad allargarsi.
7. Cuocere in forno caldo per 12-14 minuti (180°C). Togliere con attenzione dal forno e lasciare raffreddare completamente sulla placca.

Crema al caffè

8. Mettere nel boccale lo zucchero e il caffè solubile, polverizzare: **15 sec./vel. 10**. Riunire sul fondo con la spatola.
9. **Posizionare la farfalla**. Unire il burro, il latte e l'estratto di vaniglia, mescolare: **5 min./vel. 3**. **Togliere la farfalla** (vedere consigli) e trasferire la crema al caffè in una tasca da pasticceria con bocchetta liscia.

Terminare la preparazione

10. Guarnire metà dei biscotti con la crema al caffè sulla parte piatta, poi chiudere con un altro biscotto facendo aderire la parte piatta alla crema al caffè. Proseguire fino al termine dei biscotti e della crema al caffè.
11. Servire (vedere consigli).

CONSIGLI

- Se il frosting dovesse risultare troppo morbido, riporre in frigorifero per almeno 30 minuti.
- Si conservano in frigorifero per 2-3 giorni all'interno di un contenitore con chiusura ermetica. Togliere dal frigorifero 30 minuti prima di servirli.

---

 1 h

 2 h

 15 15 pezzi

 medio

 Valori nutritivi per pezzo:
1560 kJ / 373 kcal / proteine 4 g /
carboidrati 30 g / grassi 26 g

MOUSSE AL CARAMELLO SALATO

INGREDIENTI

Caramello salato

100 g di zucchero
1 cucchiaino di acqua
100 g di panna (min. 30% di grassi)
½ cucchiaino di sale

Mousse

400 g di panna (min. 30% di grassi)
    fredda
35 g di zucchero a velo
200 g di formaggio fresco
    spalmabile
16 cialde a cannoncino

UTENSILI UTILI

padellino antiaderente
ciotola
vspatola da pasticceria
8 bicchieri

PREPARAZIONE

Caramello salato

1. Mettere lo zucchero e l'acqua in una padellino antiaderente e, sul fuoco a fiamma media, senza mai mescolare, lasciare che lo zucchero inizi a sciogliere, assumendo il tipico colore dorato del caramello. Nel frattempo, preparare la panna salata.
2. Mettere nel boccale la panna e il sale, scaldare: **6 min./100°C/vel. 2** o fino a che lo zucchero nel padellino non sarà completamente caramellizzato, quindi se necessario prolungare il tempo di riscaldamento per ulteriori: **3 min./100°C/vel. 2**.
3. Quando lo zucchero è completamente sciolto, togliere il misurino e con le lame in movimento a **vel. 2** versare il caramello a filo dal foro del coperchio.
4. Continuare la cottura: **5 min./100°C/vel. 3**. Trasferire in una ciotola e tenere da parte.

Mousse

5. Nel boccale pulito e asciutto, **posizionare la farfalla**. Mettere nel boccale la panna e lo zucchero a velo montare a **vel. 3**, fino a raggiungere il grado di montatura desiderato (panna montata). **Togliere la farfalla** e trasferire la panna montata in una ciotola.
6. Mettere nel boccale il formaggio spalmabile e 100 g di salsa al caramello, amalgamare: **15 sec./vel. 3**. Trasferire in una ciotola capiente.
7. Con una spatola da pasticceria, incorporare delicatamente la panna montata alla crema al formaggio, con movimenti dal basso verso l'alto. Versare la crema in 8 bicchieri e riporre in frigorifero per 4 ore.
8. Guarnire i bicchierini con la salsa al caramello rimasta (vedere consigli) e servire.

CONSIGLI
• Al momento di utilizzarla, scaldare brevemente la salsa al caramello a bagnomaria o in microonde per renderla di nuovo fluida.

Scansiona il QR code per collegarti direttamente alla ricetta dei Coni e cialde presente su Cookidoo®

 40 min   5 h 30 min   8 bicchieri    medio   Valori nutritivi per bicchiere:
1736 kJ / 415 kcal / proteine 4 g / carboidrati 26 g / grassi 33 g

BICCHIERINI DI CIOCCOLATO CON MOUSSE CAPPUCCINO

INGREDIENTI

Bicchierini di cioccolato
250 g di cioccolato fondente
(70% di cacao) a pezzi

Mousse al cappuccino
50 g di cioccolato al latte a pezzi
150 g di panna (min. 30% di grassi)
50 g di latte
50 g di caffè espresso
2 g di gelatina in fogli, ammollata
in acqua fredda per 10 minuti
e strizzata

Terminare la preparazione
cacao amaro in polvere, a piacere
panna montata, a piacere
(opzionale)

UTENSILI UTILI
ciotola
termometro da pasticceria
6 stampi in silicone
gratella
carta forno
tasca da pasticceria e beccucci
pennello da pasticceria

PREPARAZIONE

Bicchierini di cioccolato

1. Mettere nel boccale il cioccolato fondente e tritare: **10 sec./vel. 7**. Riunire sul fondo con la spatola. Trasferire 70 g di cioccolato tritato in una ciotola e mettere da parte.
2. Sciogliere il cioccolato all'interno del boccale: **3 min./50°C/vel. 3**.
3. Aggiungere i 70 g di cioccolato tritato messi da parte e amalgamare: **2 min./vel. 3**. Trasferire in una ciotola, immergervi un termometro da pasticceria e fare intiepidire il cioccolato fuso sino a che raggiungere una temperatura di 31°C-32°C.
4. Stendere sul piano di lavoro un foglio di carta forno e sistemarvi sopra una gratella. Spennellare con il cioccolato all'interno di 6 stampini semisferici in silicone (altezza 5 cm) (Foto 1). Capovolgere lo stampino per fare sgocciolare il cioccolato fuso in eccesso e sistemarlo a testa in giù sulla gratella per almeno 2 ore, fino a che il cioccolato si sarà solidificato (Foto 2).

Mousse al cappuccino

5. Mettere nel boccale il cioccolato al latte e tritare: **3 sec./vel. 8**. Trasferire in una ciotola e tenere da parte.
6. Senza lavare il boccale, mettere la panna, il latte e il caffè, cuocere: **4 min./80°C/vel. 2**.
7. Aggiungere la gelatina e mescolare: **10 sec./vel. 3**.
8. Unire il cioccolato al latte tritato e amalgamare: **30 sec./vel. 3**. Trasferire in una ciotola capiente, lasciare raffreddare a temperatura ambiente e trasferire in una tasca da pasticceria, poi riporre in frigorifero per 4 ore.

Terminare la preparazione

9. Sformare delicatamente i bicchierini dallo stampo in silicone e sistemarli su un vassoio (Foto 3). Riempirli con la mousse al cappuccino, spolverizzare con del cacao amaro e decorare, a piacere, con qualche ciuffetto di panna montata.
10. Servire.

 1 h

 3 h 30 min

 6 pezzi

 medio

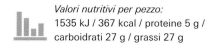
Valori nutritivi per pezzo:
1535 kJ / 367 kcal / proteine 5 g /
carboidrati 27 g / grassi 27 g

CIOCCOLATA SU STECCO

INGREDIENTI

250 g di cioccolato fondente
(70% di cacao) a pezzi
20 g di zucchero a velo
1 cucchiaino di cacao amaro
in polvere
15 g di amido di mais (maizena)
1 cucchiaino di mandorle a lamelle
1 cucchiaino di pistacchi tritati
1 cucchiaino di cocco disidratato
grattugiato
latte caldo, a piacere

UTENSILI UTILI

contenitore per ghiaccio
tasca da pasticceria e beccucci
stecchi in legno per gelato

PREPARAZIONE

1. Preparare sul piano di lavoro uno stampo per cubetti di ghiaccio (o per cioccolatini quadrati) in silicone capienza 250 cc circa.
2. Mettere nel boccale il cioccolato fondente e tritare: **10 sec./vel. 7**. Riunire sul fondo con la spatola.
3. Sciogliere: **3 min./50°C/vel. 3**.
4. Aggiungere lo zucchero a velo, il cacao amaro, l'amido di mais e proseguire la cottura: **3 min./50°C/vel. 3**. Trasferire il composto in una tasca da pasticceria con bocchetta sottile e distribuirlo equamente all'interno dello stampo per cubetti di ghiaccio preparato (Foto 1), poi battere delicatamente lo stampo sul piano per livellare la superficie ed evitare la creazione di bolle d'aria.
5. Guarnire la superficie dei cubetti nello stampo con mandorle a lamelle, pistacchi e cocco grattugiato (vedere varianti) (Foto 2). Sistemare al centro di ciascun cubetto uno stecco per gelato (Foto 3) e riporre lo stampo in frigorifero per almeno 2 ore (vedere consigli).
6. Sformare ed immergere 1 o 2 cubetti di cioccolato in una tazza di latte caldo e mescolare per creare la cioccolata in tazza.
7. Servire.

CONSIGLI
- È possibile conservare i cubetti i congelatore fino ad un massimo di 2 settimane.

VARIANTI
- A piacere, aromatizzare i cubetti di cioccolato con altri aromi come granella di nocciole, cannella, peperoncino, zenzero, ecc.

 30 min

 2 h 30 min

 30 pezzi

facile

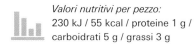 *Valori nutritivi per pezzo:*
230 kJ / 55 kcal / proteine 1 g /
carboidrati 5 g / grassi 3 g

I CLASSICI RIVISITATI

Utensili per dare forma

Teglie, tortiere, stampi da plumcake o da muffin, coppapasta, antiaderenti, di carta o di silicone e di qualsiasi forma e dimensione, sono indispensabili per dare libero sfogo alla propria fantasia e realizzare dolci di ogni genere, dalle torte più tradizionali a quelle più elaborate e sofisticate.
Gli spazi nella cucina di casa, rispetto ad un laboratorio professionale, però sono molto più limitati; ma seguendo qualche piccolo suggerimento, si possono avere a portata di mano utensili diversi per ogni necessità.

TEGLIE E TORTIERE

È bene dedicare uno spazio della cucina a tortiere e teglie di diversa forma e dimensione, meglio se con fondo antiaderente e non troppo sottile.
Indispensabili sono, senza dubbio, le teglie per crostate e gli stampi a cerniera, quelli a corona per le ciambelle e gli stampi per plumcake. Anche la placca del forno è molto utile. I più diffusi sono quelli in alluminio o rivestiti in Teflon. Pratici anche quelli in silicone, che permettono di essere riposti in spazi piccoli, perché possono essere piegati facilmente.
Inoltre consentono di sformare le preparazioni con estrema facilità e resistono alle alte temperature così come a quelle sotto zero del congelatore o dell'abbattitore. In commercio si trovano stampi in silicone di ogni forma e dimensione.

Utile avere anche delle teglie e degli stampi per realizzare dei dolcetti monodose, come i muffin, i plumcake e le crostatine. In questo caso, in commercio, si trovano sia le teglie con gli appositi spazi per realizzare i dolcetti, sia gli stampi monodose, soprattutto in silicone e Teflon. Per queste preparazioni, è bene avere in casa anche dei pirottini di carta dove riporre il dolce nel momento di servire.

La stessa torta può essere realizzata in forme differenti e per un numero di ospiti che varia a seconda dell'occasione. Per agevolare la scelta dello stampo sulla base della preparazione che si vuole realizzare, potrebbe essere d'aiuto questa tabella:

TONDA (diametro)	RETTANGOLARE (lato x lato)	QUADRATA (lato x lato)	NUMERO PERSONE
18 cm	18x15 cm	16x16 cm	6
20 cm	20x16 cm	18x18 cm	8
22 cm	22x17 cm	19x19 cm	10
24 cm	24x19 cm	21x21 cm	12
26 cm	26x20 cm	23x23 cm	14
28 cm	28x22 cm	25x25 cm	16

Le fasce per torte si prestano sia al congelamento che all'utilizzo in forno, dove assicurano una cottura uniforme e priva di ringonfiamenti.

COPPAPASTA E TAGLIABISCOTTI

Sono strumenti sagomati che consentono di tagliare la pasta nelle forme desiderate senza errori. I coppapasta, se riempiti, consentono di dare una forma regolare alla preparazione. In commercio ne esistono di molteplici forme e dimensioni, in grado di soddisfare qualsiasi slancio creativo.

QUADRI E ANELLI IN ACCIAIO

Vengono chiamati anche ring o fasce e permettono di realizzare torte squadrate o mignon da taglio. Sono un must-have per i professionisti, ma anche per i semplici appassionati di pasticceria. Sono ideali per la preparazione di mousse, semifreddi, torte gelato e altri dolci.

PARIS BREST

INGREDIENTI

Anello di pasta choux
250 g di acqua
100 g di burro morbido a pezzi
1 pizzico di sale
150 g di farina tipo 00
4 uova (da 60 g)

Crema diplomatica
300 g di latte intero
3 tuorli
80 g di zucchero
30 g di frumina
½ stecca di vaniglia, i semini
    estratti
200 g di panna (min. 30% di grassi)
    fredda
20 g di zucchero a velo

Terminare la preparazione
50 g di fragole, pulite e a tocchetti
    (1-2 cm) + q.b.
zucchero a velo q.b.

UTENSILI UTILI
placca del forno
carta forno
tasca da pasticceria e beccucci
pellicola trasparente
ciotola
spatola da pasticceria
coltello a seghetto per pane

PREPARAZIONE

Anello di pasta choux

1. Mettere nel boccale l'acqua, il burro e il sale, cuocere: **6 min./100°C/vel. 1**.
2. Aggiungere la farina 00 e mescolare: **30 sec./vel. 4**. Togliere il boccale dal suo alloggiamento e far raffreddare il suo contenuto per 10 minuti.
3. Preriscaldare il forno a 200°C. Rivestire la placca del forno con carta forno.
4. Riposizionare il boccale e, con lame in movimento a **vel. 5**, unire le uova, una alla volta, attraverso il foro del coperchio.
5. Dopo aver aggiunto l'ultimo uovo, mescolare ancora: **30 sec./vel. 5**. Trasferire la pasta choux in una tasca da pasticceria con beccuccio a stella (apertura 1.5 cm circa). Sulla placca formare la base del Paris Brest, creando un primo cerchio di circa Ø 20 cm (Foto 1), poi creare un secondo cerchio di circa Ø 22 cm, affiancandolo al primo (Foto 2), e infine realizzare un terzo cerchio di Ø 24 cm circa affiancandolo leggermente al secondo (Foto 3). Sopra la base, creare un ultimo cerchio, che si gonfierà in cottura.
6. Cuocere in forno caldo per 15 minuti (200°C), poi abbassare la temperatura a 150°C e proseguire la cottura per altri 15-20 minuti sino a che la superficie del Paris-Brest sarà dorata. Spegnere il forno, socchiuderlo e lasciare raffreddare in forno spento per 20 minuti. Togliere la placca dal forno e lasciare raffreddare completamente. Nel frattempo, preparare la crema diplomatica.

Crema diplomatica

7. Nel boccale pulito, mettere il latte, i tuorli, lo zucchero, la frumina e i semi di vaniglia, cuocere: **6 min./90°C/vel. 4**. Trasferire la crema pasticcera in una ciotola, coprire con pellicola trasparente a contatto e fare raffreddare completamente a temperatura ambiente.
8. Nel boccale pulito ed asciutto, **posizionare la farfalla**. Mettere la panna e lo zucchero a velo, montare a **vel. 3**, fino a raggiungere il grado di montatura desiderato (panna montata). **Togliere la farfalla**.

Continua a pagina **200** ▶

 1 h   3 h 30 min   12 porzioni   medio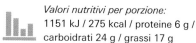

Valori nutritivi per porzione:
1151 kJ / 275 kcal / proteine 6 g / carboidrati 24 g / grassi 17 g

▶ Continua da pag **198**

9. Con una spatola da pasticceria, incorporare delicatamente la panna montata alla crema pasticcera poco per volta, con movimenti dal basso verso l'alto. Trasferire la crema diplomatica in una tasca da pasticceria con bocchetta festonata e riporre in frigorifero per 1 ora.

Terminare la preparazione

10. Tagliare a metà la corona di pasta choux in senso orizzontale con un coltello seghettato (Foto 4). Farcire la base con metà della crema diplomatica, distribuirvi le fragole (Foto 5) e ricoprire con la restante crema, poi chiudere il dolce con la metà superiore.
11. Decorare la superficie del Paris-Brest con fettine di fragole e spolverizzare con zucchero a velo.
12. Servire.

CONSIGLI
• Le parti che compongono il Paris-Brest si possono preparare in anticipo, per poi essere assemblate al momento del servizio (in questo modo la pasta choux non perderà di fragranza). In questo caso, una volta fredda, conservare la corona di pasta choux in un contenitore con chiusura ermetica e riporla in un luogo fresco e asciutto, mentre la crema diplomatica riporla in frigorifero.

CURIOSITÀ
• Il Paris Brest è un dolce tipico della pasticceria francese. Fu ideato dal pasticcere Louis Durand nel 1891 in omaggio alla corsa ciclistica Parigi-Brest-Parigi (da cui prende il nome), il quale creò una torta a forma di ruota di bicicletta.

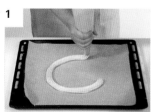

1

2

3

4

5

TIRAMISÙ SCOMPOSTO

INGREDIENTI
4 uova (da 60 g)
100 g di zucchero
500 g di mascarpone
20 g di crema al whisky
cacao amaro in polvere q.b.
16 biscotti savoiardi
caffè espresso

UTENSILI UTILI
8 ciotoline
8 vassoi

PREPARAZIONE

1. **Posizionare la farfalla**. Mettere nel boccale le uova e lo zucchero, montare: **8 min./80°C/vel. 3**. **Togliere la farfalla** e fare raffreddare completamente.
2. Con le lame in movimento a **vel. 3**, unire dal foro del coperchio il mascarpone a cucchiate e la crema al whisky, mescolare: **45 sec./vel. 3** spatolando. Trasferire la crema in 8 ciotoline monoporzione (da 100-150 cc ciascuna) e spolverizzare con del cacao amaro.
3. Sistemare su un vassoietto da dessert la ciotolina con la crema al mascarpone, sistemarvi di fianco 2 savoiardi e una tazzina di caffè espresso.
4. Servire.

 10 min   30 min   8 porzioni   facile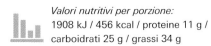

Valori nutritivi per porzione:
1908 kJ / 456 kcal / proteine 11 g / carboidrati 25 g / grassi 34 g

VARIANTI
- È possibile sostituire il pan di Spagna con la stessa quantità di biscotti savoiardi.

BICCHIERINI DI CASSATA

INGREDIENTI

50 g di cioccolato fondente (70% di cacao) a pezzi

300 g di ricotta di pecora, scolata dal siero

100 g di latte condensato zuccherato

120 g di pan di Spagna a cubetti

60 g di liquore tipo Strega

30 g di scorza di arancia candita a cubetti

30 g di cedro candito a cubetti

UTENSILI UTILI

ciotola

pennello da pasticceria

6 bicchierini

PREPARAZIONE

1. Mettere nel boccale il cioccolato fondente e tritare: **3 sec./vel. 7**. Trasferire in una ciotola e tenere da parte.
2. Mettere nel boccale la ricotta e il latte condensato, amalgamare: **20 sec./vel. 4**.
3. Unire il cioccolato fondente tritato e amalgamare: **20 sec./🥄/vel. 4**.
4. Adagiare sul fondo di 6 bicchierini 3-4 cubetti di pan di Spagna, spennellarli con un po' di liquore e distribuirvi sopra qualche cucchiaino di crema di ricotta. Fare un ulteriore strato di pan di Spagna imbevuto e terminare con la crema di ricotta.
5. Decorare con i canditi e servire subito (vedere consigli).

CONSIGLI

- Se non si consumano subito, coprire i bicchierini con pellicola trasparente e conservare in frigorifero per 2 giorni massimo.

 20 min   30 min   6 bicchieri   facile   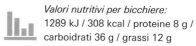 *Valori nutritivi per bicchiere:* 1289 kJ / 308 kcal / proteine 8 g / carboidrati 36 g / grassi 12 g

MINI PAVLOVE

INGREDIENTI

180 g di zucchero
115 g di albumi
1 cucchiaino di succo di limone
15 g di amido di mais (maizena)
300 g di panna (min. 30% di grassi)
    fredda
300 g di frutta fresca mista

UTENSILI UTILI

placca del forno
carta forno
tasca da pasticceria e beccucci

PREPARAZIONE

1. Mettere nel boccale lo zucchero e polverizzare: **20 sec./vel. 10**. Riunire sul fondo con la spatola.
2. **Posizionare la farfalla**. Aggiungere gli albumi e montare: **10 min./37°C/vel. 2**. Nel frattempo, unire lentamente dal foro del coperchio il succo di limone e l'amido di mais. Lasciare riposare nel boccale per 5 minuti.
3. Preriscaldare il forno a 120°C e rivestire la placca del forno con carta forno.
4. Continuare a montare: **8 min./37°C/vel. 2**. **Togliere la farfalla**. Trasferire la meringa in una tasca da pasticceria con bocchetta liscia e formare sulla placca 6 anelli (Ø 9-10 cm circa) da 2 giri ciascuno.
5. Cuocere in forno caldo per 1 ora e 20 minuti (120°C). Togliere con attenzione e lasciare raffreddare completamente.
6. Nel boccale pulito e asciutto, **posizionare la farfalla**, mettere la panna e montare a **vel. 3**, fino a raggiungere il grado di montatura desiderato (panna montata). **Togliere la farfalla** e trasferire la panna montata in una tasca da pasticceria con bocchetta liscia.
7. Riempire l'incavo creatosi nella meringhe con la panna montata, decorare con della frutta fresca e servire subito (vedere consigli).

CONSIGLI

- Per la buona riuscita del dolce è indispensabile che gli albumi siano molto freschi.
- È possibile preparare la base di meringa qualche giorno prima, assemblando il dolce al momento di servire. In questo caso, sistemare le meringhe all'interno di un contenitore con chiusura ermetica e riporre in un luogo fresco e asciutto.

VARIANTI

- È possibile dolcificare la panna utilizzata per decorare aggiungendo al passaggio 6 un cucchiaio di zucchero a velo.

---

 30 min

 2 h 30 min

 10 pezzi

 medio

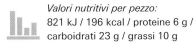 *Valori nutritivi per pezzo:*
821 kJ / 196 kcal / proteine 6 g / carboidrati 23 g / grassi 10 g

TORTA BRULÉE

INGREDIENTI

Pasta frolla

100 g di zucchero
200 g di burro molto freddo, a pezzi
+ q.b.
370 g di farina tipo 00
1 uovo (da 60 g)
1 pizzico di sale

Crema

1 limone, preferibilmente biologico,
la scorza (senza la parte bianca)
e il succo
180 g di zucchero
450 g di latte intero
250 g di panna (min. 30% di grassi)
6 tuorli
40 g di amido di mais (maizena)
8 g di gelatina in fogli, ammollati
in acqua fredda per 10 minuti
e strizzati

Terminare la preparazione

50 g di zucchero di canna

UTENSILI UTILI

pellicola trasparente
teglia per crostata (Ø 22 cm)
carta forno
matterello
spremiagrumi
colino a maglia fine

PREPARAZIONE

Pasta frolla

1. Mettere nel boccale lo zucchero, polverizzare: **15 sec./vel. 10**.
   Riunire sul fondo con la spatola.

2. Aggiungere il burro, la farina 00, l'uovo e il sale, impastare:
   30 sec./vel. 5. Trasferire l'impasto sul piano di lavoro e compattarlo
   in un panetto liscio. Avvolgere il panetto nella pellicola trasparente e
   riporre in frigorifero per 1 ora.

3. Preriscaldare il forno a 170°C e imburrare una teglia per crostata
   (Ø 22 cm) con bordi alti.

4. Riprendere la pasta frolla, togliere la pellicola trasparente e sistemarla
   tra due fogli di carta forno. Con il matterello stendere la frolla fino a
   raggiungere uno spessore di 6-7 mm circa.

5. Togliere il foglio di carta forno superiore e, aiutandosi con quello alla
   base, capovolgere la pasta frolla stesa sulla tortiera rivestendola
   completamente. Fare aderire bene l'impasto al fondo e ai bordi e
   rifilare la pasta in eccesso con un coltellino, lasciandoli alti circa 2,5 cm.

6. Bucherellare il fondo con i rebbi di una forchetta, adagiarvi sopra un
   disco di carta forno e cospargere con dei legumi secchi (o con le
   specifiche sferette in ceramica).

7. Cuocere in forno caldo per 30 minuti (170°C) Togliere con attenzione
   dal forno, eliminare la carta forno con i fagioli e proseguire la cottura
   per altri 10-15 minuti (170°C) fino a completa doratura. Togliere con
   attenzione dal forno e lasciare raffreddare completamente. Nel
   frattempo, preparare la crema.

Crema

8. Mettere nel boccale la scorza di limone e lo zucchero, polverizzare:
   20 sec./vel. 10. Riunire sul fondo con la spatola.

9. Aggiungere il latte, la panna, i tuorli, il succo di limone e l'amido di
   mais e cuocere: **11 min./90°C/vel. 4**.

10. Unire la gelatina e amalgamare: **10 sec./vel. 3**. Versare la crema
    all'interno del guscio di frolla, coprire con pellicola trasparente a contatto
    e lasciare raffreddare completamente. Poi riporre in frigorifero per 8 ore.

Terminare la preparazione

11. Spolverizzare la superficie della crema con lo zucchero di canna e
    caramellare con un cannello fino a quando lo zucchero assumerà la
    caratteristica coloritura brunita (vedere consigli).

12. Servire.

 40 min   11 h   8 fette   medio   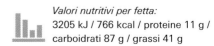 Valori nutritivi per fetta:
3205 kJ / 766 kcal / proteine 11 g /
carboidrati 87 g / grassi 41 g

MINI TARTE TATIN

INGREDIENTI

Pasta frolla

30 g di zucchero
45 g di burro freddo a pezzi
85 g di farina tipo 00
1 tuorlo di uovo medio

Mele caramellate

50 g di zucchero di canna
500 g di mele tipo Fuji, pelate
    e a cubetti (1 cm circa)
50 g di burro

UTENSILI UTILI

pellicola trasparente
padella antiaderente
spatola da pasticceria
ciotola
placca del forno
stampini da muffin o da budino
    preferibilmente in silicone
carta forno
matterello
coppapasta (Ø 7 cm)
stuzzicadenti

PREPARAZIONE

Pasta frolla

1. Mettere nel boccale lo zucchero e polverizzare: **10 sec./vel. 10**. Riunire sul fondo con la spatola.
2. Aggiungere il burro, la farina 00 e il tuorlo, impastare: **10 sec./vel. 5**. Riunire sul fondo con la spatola.
3. Impastare ancora: **10 sec./vel. 5**. Trasferire l'impasto sul piano di lavoro, compattarlo con le mani e formare un panetto omogeneo. Avvolgere il panetto di pasta frolla nella pellicola trasparente e riporre in frigorifero per 30 minuti. Nel frattempo, preparare le mele caramellate.

Mele caramellate

4. In una padella antiaderente sciogliere il burro, poi aggiungere lo zucchero di canna e cuocere sino a che si formerà un caramello dorato. Unire le mele e cuocere girandole di tanto in tanto con una spatola da pasticceria fino a che assumeranno un colore ambrato. Trasferire le mele caramellate in una ciotola e tenere da parte.

Terminare la preparazione

5. Preriscaldare il forno a 180°C. Sistemare sulla placca del forno 6 stampini da muffin in silicone (Ø 7 cm circa).
6. Togliere la pellicola trasparente e sistemare la pasta frolla tra due fogli di carta forno. Con il matterello stendere la frolla fino a raggiungere uno spessore di 5 mm circa.
7. Togliere il foglio di carta forno superiore e con un coppapasta (Ø 7 cm) ricavare 6 dischi.
8. Riempire ogni ogni stampino con le mele caramellate, pressandole bene con il dorso di un cucchiaio lasciando libero 1 cm dal bordo. Adagiare su ogni stampino un disco di pasta frolla e con uno stuzzicadenti praticare un foro al centro di ciascuno.
9. Cuocere in forno caldo per 20 minuti (180°C). Togliere con attenzione dal forno e lasciare raffreddare completamente, poi riporre gli stampini in congelatore sino a che le tart tatin non saranno completamente congelate (1 ora circa).
10. Un'ora prima di servire, togliere gli stampini dal congelatore, in modo da poter agevolare l'operazione di distacco.
11. Servire le mini tart tatin tiepide o a temperatura ambiente (vedere consigli).

 30 min   3 h   6 pezzi   medio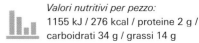

Valori nutritivi per pezzo:
1155 kJ / 276 kcal / proteine 2 g /
carboidrati 34 g / grassi 14 g

CONSIGLI

• Per servire le tortine tiepide, scaldarle qualche minuto in forno ed accompagnare con una pallina di gelato alla crema.

PICCOLE CASSATINE AL FORNO

INGREDIENTI

Pasta frolla
1 limone, preferibilmente biologico,
  la scorza (senza la parte bianca)
200 g di zucchero
200 g di burro a pezzi
2 uova (da 60 g)
1 tuorlo
500 g di farina tipo 00 + q.b.
½ stecca di vaniglia, i semini
  estratti

Crema alla ricotta
170 g di zucchero
300 g di ricotta di pecora,
  sgocciolata dal siero
40 g di gocce di cioccolato
  fondente

Terminare la preparazione
40 g di biscotti secchi
1 albume

UTENSILI UTILI
pellicola trasparente
ciotola
stampini da muffin
  o da budino preferibilmente
  in silicone
placca del forno
matterello
coppapasta (Ø 10 cm)
pennello da pasticceria
stuzzicadenti

PREPARAZIONE

Pasta frolla
1. Mettere nel boccale la scorza di limone e lo zucchero, polverizzare: **20 sec./vel. 10**. Riunire sul fondo con la spatola.
2. Aggiungere il burro, le uova, 1 tuorlo, la farina 00 e la vaniglia, impastare: **30 sec./vel. 5**. Trasferire la pasta frolla sul piano di lavoro, compattare con le mani e formare un panetto. Avvolgere il panetto nella pellicola trasparente e riporre in frigorifero per 30 minuti. Nel frattempo, preparare la crema di ricotta.

Crema alla ricotta
3. Nel boccale pulito e asciutto, mettere lo zucchero e polverizzare: **10 sec./vel. 10**. Riunire sul fondo con la spatola. Togliere dal boccale 20 g di zucchero a velo e tenere da parte.
4. Aggiungere la ricotta e mescolare: **20 sec./vel. 4**.
5. Unire le gocce di cioccolato e amalgamare: **20 sec./↺/vel. 4**. Trasferire in una ciotola, coprire con pellicola trasparente e riporre in frigorifero fino al momento di utilizzare.

Terminare la preparazione
6. Preriscaldare il forno a 180°C. Sistemare 12 stampini da muffin in silicone sulla placca del forno (vedere varianti).
7. Infarinare il piano di lavoro e adagiarvi il panetto di pasta frolla. Con il matterello, stendere la pasta frolla ad uno spessore di 0.5 cm e con un coppapasta rotondo (Ø 10 cm) ritagliare 12 dischi. Rivestire ciascun stampino con un disco di pasta frolla facendolo aderire bene alle pareti e tirandolo su verso il bordo. Sbriciolare sul fondo di ciascuno stampino un po' di biscotti e riempire con la crema di ricotta, restando 1 cm al di sotto del bordo.
8. Ricompattare la pasta frolla rimasta in un panetto e stenderla ad uno spessore di 0.5 cm. Con un coppapasta ritagliare 12 dischetti dello stesso diametro degli stampini. Spennellate i bordi dei dischetti con un po' di albume, poggiarli sulla crema di ricotta e premere delicatamente per sigillare i bordi. Bucherellare la base di frolla con uno stuzzicadenti.
9. Sistemare gli stampini sulla placca del forno e cuocere in forno caldo per 30-35 minuti (180°C) o fino a quando la superficie non diventerà dorata. Togliere con attenzione dal forno e lasciare raffreddare completamente all'interno degli stampini prima di sformare le cassatine.
10. Capovolgere le cassatine su singoli piattini da dessert, spolverizzare con lo zucchero a velo tenuto da parte e servire.

 1 h   2 h   12 – 12 pezzi   medio   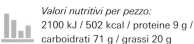 *Valori nutritivi per pezzo:*
2100 kJ / 502 kcal / proteine 9 g /
carboidrati 71 g / grassi 20 g

VARIANTI
- È possibile utilizzare stampini in alluminio monoporzione, imburrandoli e infarinandoli preventivamente.

PICCOLE LEMON MERINGUE PIE

INGREDIENTI

Pasta frolla

60 g di zucchero
120 g di burro freddo e a pezzi
    + q.b.
250 g di farina tipo 00 + q.b.
1 uovo (da 60 g)
1 pizzico di sale

Crema al limone

200 g di zucchero
10 g di scorza di limone
    (senza la parte bianca)
3 uova grandi
120 g di succo di limone,
    spremuto fresco e filtrato
100 g di burro
4 g di gelatina in fogli, ammollata
    in acqua fredda per 10 minuti
    e poi strizzata

Meringa

110 g di zucchero
30 g di acqua
3 albumi

PREPARAZIONE

Pasta frolla

1. Mettere nel boccale lo zucchero e polverizzare: **15 sec./vel. 10**. Riunire sul fondo con la spatola.
2. Aggiungere il burro, la farina 00, l'uovo, il sale, impastare: **20 sec./vel. 5**. Trasferire l'impasto sul piano di lavoro e compattarlo in un panetto, avvolgerlo nella pellicola trasparente e riporre in frigorifero per 1 ora.
3. Preriscaldare il forno a 180°C. Imburrare e infarinare 6 stampini per tartellette (Ø 10 cm).
4. Riprendere la pasta frolla, togliere la pellicola trasparente e riporla sul piano di lavoro leggermente infarinato. Con il matterello, stendere la pasta frolla ad uno spessore di 5 mm e, con un coppapasta (Ø 10 cm), ricavare 6 dischi della stessa dimensione degli stampi.
5. Rivestire con i dischi di pasta frolla gli stampi per tartellette, facendo aderire bene la pasta al fondo e ai bordi e bucherellare la base con i rebbi di una forchetta. Ricoprire la superficie della tartelletta con carta forno e riempire con legumi secchi (o con le specifiche sferette di ceramica).
6. Sistemare gli stampini sulla placca del forno e cuocere in forno per caldo per 20 minuti (180°C). Togliere con attenzione dal forno e fare raffreddare completamente. Nel frattempo, preparare la crema al limone.

Crema al limone

7. Nel boccale pulito e asciutto, mettere lo zucchero e la scorza del limone, tritare: **30 sec./vel. 10**. Riunire sul fondo con la spatola.
8. Aggiungere le uova, il succo del limone e il burro, cuocere: **9 min./90°C/vel. 3**.
9. Unire la gelatina e amalgamare: **10 sec./vel. 3**. Lasciare intiepidire la crema all'interno del boccale. Sformare le tartellette e sistemarle su una gratella. Con un cucchiaio, riempire con la crema al limone ancora tiepida le tartellette (vedere consigli).

Continua a pagina **214** ▶

 50 min

 2 h 35 min

 6 pezzi

 medio

Valori nutritivi per pezzo:
3226 kJ / 771 kcal / proteine 12 g /
carboidrati 100 g / grassi 36 g

▶ Continua da pagina **212**

UTENSILI UTILI

pellicola trasparente
stampini per tartellette (Ø 10 cm)
matterello
coppapasta (Ø 10 cm)
carta forno
sfere da forno in ceramica
    o legumi secchi
placca del forno
gratella
tasca da pasticceria e beccucci
cannello

Meringa

10. Nel boccale pulito e asciutto, **posizionare la farfalla**. Mettere lo zucchero e l'acqua, scaldare: **7 min./120°C/vel. 1**.
11. Unire gli albumi e montare: **3 min./vel. 3.5**, appoggiando il cestello sopra il coperchio al posto del misurino. **Togliere la farfalla** e trasferire la meringa in una tasca da pasticceria con bocchetta liscia.
12. Formare dei ciuffetti di meringa sulle mini tarte, fino a ricoprirle interamente.
13. Con l'aiuto di un cannello (vedere consiglio) fiammeggiare leggermente le punte dei ciuffetti di meringa e lasciare raffreddare in frigorifero per almeno 1 ora.
14. Servire.

CONSIGLI
• È preferibile riempire le tartellette con la crema ancora tiepida prima che la gelatina la solidifichi completamente.

VARIANTI
• In alternativa all'utilizzo del cannello è possibile caramellare la meringa per qualche minuto sotto il grill del forno.

MAXI CANNONCINO RIPIENO

INGREDIENTI

Maxi cannoncino

230 g di pasta sfoglia,
    forma rettangolare
60 g di zucchero

Crema al caffè

250 g di panna (min. 30% di grassi)
    fredda
500 g di mascarpone
60 g di caffè espresso freddo

PREPARAZIONE

Maxi cannoncino

1. Preriscaldare il forno a 200°C e rivestire la placca del forno con carta forno.
2. Realizzare un cono in carta forno della lunghezza di 30 cm circa e Ø 10 cm nel punto più largo, fissandolo con un punto metallico per farlo rimanere chiuso (Foto 1). Riempirlo con fogli di alluminio appallottolati come fossero palline di varie dimensioni, partendo dal fondo, in modo da tenerlo completamente in forma.

Continua a pagina **216** ▶

▶ Continua da pagina 215

Terminare la preparazione
4 biscotti savoiardi, tagliati ia metà
40 g di caffè espresso freddo
codette colorate o biscotti savoiardi
  sbriciolati, a piacere

UTENSILI UTILI
placca del forno
carta forno
carta alluminio
rotella liscia
ciotola
spatola da pasticceria
vassoio

3. Stendere la pasta sfoglia sul piano di lavoro e con una rotella liscia ricavare delle strisce larghe 2 cm. Partendo dalla punta, iniziare ad arrotolare le strisce di pasta intorno al cono formando una spirale, fino a ricoprirlo tutto (Foto 2). Quando termina una striscia di sfoglia ripartire con un'altra bagnando leggermente nel punto di congiunzione. Sistemare il cono sulla placca preparata.

4. Mettere nel boccale lo zucchero e polverizzare: **10 sec./vel. 10**. Trasferire lo zucchero a velo in un ciotola e tenere da parte.

5. Spolverizzare il maxi cono con 1 cucchiaio di zucchero a velo e cuocere in forno caldo per 20 minuti circa (200°C) fino a che la superficie del cono risulterà dorata. Togliere con attenzione dal forno e lasciare raffreddare.

Crema al caffè

6. **Posizionare la farfalla**. Mettere nel boccale la panna e montare a **vel. 3**, fino a raggiungere il grado di montatura desiderato (panna montata). **Togliere la farfalla** e trasferire la panna montata in una ciotola.

7. Mettere nel boccale il mascarpone, il caffè e 50 g di zucchero a velo, amalgamare: **20 sec./vel. 3**. Trasferire la crema in una ciotola capiente e incorporare la panna montata poco per volta, mescolando delicatamente dal basso verso l'alto con una spatola da pasticceria.

Terminare la preparazione

8. Sformare delicatamente il maxi cannoncino (Foto 3) e sistemarlo in posizione verticale all'interno di un contenitore alto e stretto (Foto 4).

9. Riempirlo con metà della crema al caffè. Bagnare i savoiardi nel caffè, inserirli nella crema e versare la crema al caffè rimasta così da riempire completamente il cannolo. Coprire con un foglio di alluminio e riporre in congelatore per 4 ore.

10. Togliere il cannolo dal congelatore e riporlo in frigorifero per 30 minuti.

11. Sistemare il maxi cannolo su un vassoio, spolverizzare con codette colorate o biscotti sbriciolati e servire.

VARIANTI
• A piacere, nella crema sostituire 20 di caffè con un liquore.

Scansiona il QR code per collegarti direttamente alla ricetta della Pasta sfoglia veloce presente su Cookidoo®

🔪 1 h   ⏱ 6 h 30 min   12 porzioni   avanzato   *Valori nutritivi per porzione:*
1523 kJ / 364 kcal / proteine 5 g / carboidrati 15 g / grassi 31 g

MINI FLAN PARISIENNE

INGREDIENTI

Crema

500 g di latte intero
125 g di panna (min. 30% di grassi)
6 tuorli
120 g di zucchero
1 stecca di vaniglia, i semini estratti
50 g di amido di mais (maizena)

Pasta frolla

125 g di zucchero
½ stecca di vaniglia, i semini
    estratti
125 g di burro freddo a pezzi + q.b.
300 g di farina tipo 00
1 uovo grande

Terminare la preparazione

90 g di zucchero di canna

UTENSILI UTILI

ciotola
pellicola trasparente
formine per crostatine (Ø 4 cm)
tasca da pasticceria e beccucci
carta forno
matterello
coppapasta (Ø 5 cm)
stuzzicadenti
teglia da forno
vassoio
cannello

PREPARAZIONE

Crema

1. Mettere nel boccale il latte, la panna, i tuorli, lo zucchero, i semini di vaniglia e l'amido di mais, cuocere: **7 min./90°C/vel. 4**. Trasferire la crema in una ciotola, coprire con pellicola trasparente a contatto e fare raffreddare a temperatura ambiente prima di riporre in frigorifero per almeno 6 ore.

Pasta frolla

2. Mettere nel boccale lo zucchero e i semi di ½ stecca di vaniglia, polverizzare: **15 sec./vel. 10**. Riunire sul fondo con la spatola.
3. Aggiungere il burro, la farina 00 e l'uovo, impastare: **20 sec./vel. 5**. Trasferire l'impasto sul piano di lavoro, compattarlo con le mani e formare un panetto liscio. Avvolgere il panetto nella pellicola trasparente e riporre in frigorifero per 1 ora.

Terminare la preparazione

4. Preriscaldare il forno a 180°C e imburrare degli stampini per mini crostatine (Ø 4 cm).
5. Riprendere la crema e sistemarla all'interno di una tasca da pasticceria con bocchetta liscia.
6. Riprendere la pasta frolla, togliere la pellicola trasparente e riporla tra due fogli di carta forno. Stendere la frolla con un matterello fino a raggiungere uno spessore di 3-4 mm circa.
7. Togliere il foglio di carta forno superiore. Con un coppapasta (Ø 5 cm) ricavare dei dischi di impasto e disporli all'interno degli stampini preparati, facendolo aderire bene sui bordi. Bucherellare con uno stuzzicadenti la base dei cestini e sistemarli sopra una teglia da forno.
8. Riempire gli stampini preparati con la crema e cuocere in forno caldo per 20-25 minuti (180°C). Togliere con attenzione dal forno e lasciare raffreddare completamente prima di sformare i flan e adagiarli su un vassoio.
9. Cospargere la superficie dei mini flan con dello zucchero di canna e caramellare con un cannello, sino a che lo zucchero avrà assunto un colore bruno.
10. Sistemare i mini flan parisienne su piattini da dessert e servire.

CONSIGLI

• I mini flan si possono conservare in frigorifero per 1-2 giorni riponendoli in un contenitore con chiusura ermetica.

 1 h

 9 h

 40 pezzi

 medio

 Valori nutritivi per pezzo:
506 kJ / 121 kcal / proteine 2 g / carboidrati 16 g / grassi 5 g

CUPCAKE GIGANTE

INGREDIENTI

Cupcake gigante

burro q.b.
300 g di farina tipo 00 + q.b.
3 uova (da 60 g)
100 g di latte
200 g di yogurt bianco naturale
50 g di olio di semi di girasole
150 g di zucchero
50 g di cacao amaro in polvere
1 bustina di lievito in polvere
    per dolci

Frosting

200 g di zucchero
60 g di burro a temperatura
    ambiente e a tocchetti
150 g di formaggio fresco
    spalmabile
300 g di mascarpone

UTENSILI UTILI

stampo per cupcake (o muffin)
    gigante
stecchini in legno per spiedini
tasca da pasticceria e beccucci

PREPARAZIONE

Cupcake gigante

1. Preriscaldare il forno a 180°C. Imburrare ed infarinare uno stampo antiaderente da cupcake gigante (40x20x9,5 cm) (vedere varianti).
2. Mettere nel boccale le uova, il latte, lo yogurt, l'olio di girasole, lo zucchero, la farina 00 e il cacao, mescolare: **30 sec./vel. 5**.
3. Unire il lievito e amalgamare: **10 sec./vel. 4**. Trasferire il composto nello stampo preparato (vedere consigli).
4. Cuocere in forno caldo per 30 minuti (180°C). Controllare la cottura del cupcake effettuando la prova stecchino: se è asciutto, il cupcake sarà cotto. Togliere con attenzione dal forno e lasciare raffreddare completamente prima di sformare. Pulire ed asciugare il boccale.

Frosting

5. Mettere nel boccale lo zucchero e polverizzare: **10 sec./vel. 10**. Riunire sul fondo con la spatola.
6. Aggiungere il burro, il formaggio fresco spalmabile, il mascarpone e la vaniglia, mescolare: **20 sec./vel. 4**. Trasferire il frosting in una tasca da pasticceria con bocchetta a stella.
7. Decorare la sommità dei cupcakes con il frosting e servire (vedere consigli).

CONSIGLI

• Se si utilizza uno stampo da cupcake gigante doppio, dividere il composto nelle 2 parti, versando nella parte che fa da base i ¾ del composto e il restante versarlo nella parte che fa da cappuccio del cupcake (Foto 1).
• Nel caso in cui il cupcake gigante si componga di 2 parti (base e cappuccio), potrebbe succedere che in cottura le torte si rigonfino leggermente. In questo caso, prima di comporre il cupcake, livellare le basi tagliandole con un coltello seghettato in modo che le 2 parti coincidano perfettamente e utilizzare la parte di impasto tagliata per decorare il cupcake stesso o come base per dei dolci al bicchiere (Foto 2).
• Se non si serve subito, conservare il cupcake gigante in frigorifero.

VARIANTI

• Nel caso in cui non si abbia o non si trovi uno stampo da cupcake gigante si potrebbe anche utilizzare uno stampo da budino tronco conico (Ø 16 cm).

 30 min   1 h 30 min   8 fette   medio   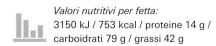 Valori nutritivi per fetta:
3150 kJ / 753 kcal / proteine 14 g /
carboidrati 79 g / grassi 42 g

TIRAMISÙ ALLE NOCI E CARAMELLO SALATO

INGREDIENTI

Salsa al caramello salato

100 g di zucchero
1 cucchiaino di acqua
100 g di panna (min. 30% di grassi)
½ cucchiaino di sale

Crema tiramisù

20 g di gherigli di noci
4 uova (da 60 g)
100 g di zucchero
500 g di mascarpone
1 cucchiaino di liquore tipo Nocino

Composizione dei bicchieri

150 g di biscotti di Novara a pezzi
90 g di caffè espresso

UTENSILI UTILI

padellino antiaderente
ciotola
6 bicchieri

PREPARAZIONE

Salsa al caramello salato

1. Mettere lo zucchero e l'acqua in un padellino antiaderente e, sul fuoco a fiamma media, senza mai mescolare, lasciare che lo zucchero inizi a sciogliere, sino a raggiungere il classico color caramello. Nel frattempo, preparare la panna salata.
2. Mettere nel boccale la panna e il sale, scaldare: **6 min./100°C/vel. 2** o fino a che lo zucchero nel padellino non sarà completamente caramellizzato, quindi se necessario prolungare il tempo di riscaldamento per ulteriori: **3 min./100°C/vel. 2**.
3. Quando lo zucchero è completamente sciolto, togliere il misurino e con le lame in movimento a **vel. 2** versare il caramello a filo dal foro del coperchio.
4. Continuare la cottura: **5 min./100°C/vel. 3**. Trasferire la salsa al caramello salato in una ciotola e lasciare raffreddare.

Crema tiramisù

5. Nel boccale pulito e asciutto mettere le noci e polverizzare: **10 sec./vel. 10**. Trasferire in una ciotola e tenere da parte.
6. **Posizionare la farfalla.** Mettere nel boccale le uova e lo zucchero, montare: **8 min./80°C/vel. 3**. **Togliere la farfalla**.
7. Con le lame in movimento a **vel. 3**, aggiungere dal foro del coperchio il mascarpone a cucchiate, poi mescolare: **45 sec./vel. 3** spatolando. Togliere dal boccale metà della crema, trasferire in una ciotola e tenere da parte.
8. Alla crema rimasta nel boccale aggiungere il liquore e le noci polverizzate, mescolare: **10 sec./vel. 3**. Trasferire in una ciotola e tenere da parte.

Composizione dei bicchieri

9. Disporre sul fondo di 6 bicchieri (capienza 200 cc circa) i biscotti, bagnarli con il caffè e versarvi sopra la salsa al caramello salato (30 g per ogni bicchiere circa), la crema al mascarpone e noci (70 g per ogni bicchiere circa) e la crema al mascarpone classica (70 g per ogni bicchiere circa).
10. Servire (vedere varianti).

VARIANTI
- Guarnire a piacere con scaglie di cioccolato fondente o granella di noci.

---

 1 h

 1 h 30 min

 6 bicchieri

 facile

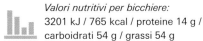 *Valori nutritivi per bicchiere:*
3201 kJ / 765 kcal / proteine 14 g / carboidrati 54 g / grassi 54 g

CANNOLO SCOMPOSTO

INGREDIENTI

Impasto per cialda
150 g di farina tipo 00 + q.b.

5 g di cacao amaro in polvere

20 g di zucchero

65 g di Marsala

30 g di strutto o di burro morbido
 a tocchetti

1 cucchiaino di aceto bianco

1 pizzico di sale

Crema alla ricotta
120 g di zucchero

500 g di ricotta di pecora fresca,
 scolata dal siero

100 g di gocce di cioccolato

Cialda
olio di semi di arachide q.b.

Terminare la preparazione
ciliegie candite, a piacere

UTENSILI UTILI
pellicola trasparente

ciotola

matterello o macchinetta
 per la pasta

rotella liscia

padella antiaderente

carta assorbente da cucina

mestolo forato

tasca da pasticceria e beccucci

PREPARAZIONE

Impasto per cialda

1. Mettere nel boccale la farina 00, il cacao, lo zucchero, il Marsala, lo strutto, l'aceto e il sale, impastare: **20 sec./vel. 4**. Infarinare il piano di lavoro, trasferirvi l'impasto e compattarlo in un panetto liscio.

2. Avvolgere il panetto nella pellicola trasparente e riporre in frigorifero per 1 ora. Nel frattempo, preparare la crema alla ricotta.

Crema alla ricotta

3. Nel boccale pulito e asciutto, mettere lo zucchero e polverizzare: **10 sec./vel. 10**. Riunire sul fondo con la spatola. Togliere dal boccale 20 g di zucchero a velo e tenere da parte.

4. Aggiungere la ricotta e mescolare: **20 sec./vel. 4**.

5. Unire le gocce di cioccolato e amalgamare: **20 sec./↺/vel. 4**. Trasferire in una ciotola, coprire con pellicola trasparente e riporre in frigorifero sino al momento di utilizzare.

Cialda

6. Riprendere il panetto dal frigorifero, togliere la pellicola trasparente e riporlo sul piano di lavoro leggermente infarinato. Con il matterello o l'apposita macchinetta stendere la pasta, stendere delle sfoglie di spessore di 3 mm circa. Con una rotella liscia ritagliare dei quadrati di circa 10 cm di lato, poi tagliarli a metà realizzando dei triangoli e disporli su un vassoio infarinato.

7. Scaldare abbondante olio di semi di arachidi in una padella antiaderente e sistemare sul piano di lavoro un piatto piano coperto con carta assorbente da cucina. Friggere i triangoli di pasta per 1 minuto circa per lato, scolarli con un mestolo forato e adagiarli sulla carta assorbente per asciugare l'olio in eccesso.

Terminare la preparazione

8. Trasferire la crema di ricotta in una tasca da pasticceria con bocchetta liscia e larga.

9. Disporre su un piattino da dessert una cialda, farcire con la crema di ricotta e adagiarvi un'altra cialda, farcire con un altro strato di crema di ricotta e chiudere con una terza cialda.

10. Spolverizzare con lo zucchero a velo tenuto da parte e decorare a piacere, con una ciliegia candita.

11. Servire subito (vedere consigli).

 1 h 30 min   3 h   12 pezzi   medio   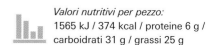 Valori nutritivi per pezzo:
1565 kJ / 374 kcal / proteine 6 g /
carboidrati 31 g / grassi 25 g

CONSIGLI
- Per mantenere la croccantezza delle cialde di cannolo è consigliabile assemblarle il cannolo al momento prima di servire.

CORNETTO GIGANTE

INGREDIENTI

15 g di lievito di birra fresco
200 g di latte intero + q.b.
100 g di zucchero
250 g di farina tipo 0
250 g di farina manitoba
1 cucchiaino di estratto di vaniglia
    naturale
60 g di burro a pezzi
1 uovo (da 60 g)
crema gianduia o confettura,
    a piacere
zucchero a velo, a piacere

UTENSILI UTILI

ciotola
pellicola trasparente
carta forno
matterello
pennello da cucina

PREPARAZIONE

1. Mettere nel boccale il lievito di birra, il latte e lo zucchero, scaldare: **3 min./37°C/vel. 2**.

2. Aggiungere la farina 0, la farina manitoba, la vaniglia, il burro e l'uovo, impastare: **3 min./**. Si dovrà ottenere un impasto elastico e lavorabile (vedere consigli). Trasferire l'impasto in una ciotola e compattarlo in una palla. Coprire la ciotola con pellicola trasparente e lasciare lievitare in luogo tiepido al riparo da correnti d'aria fino al raddoppio del volume (almeno 3 ore circa)

3. Stendere sul piano di lavoro un foglio di carta forno e trasferirvi l'impasto lievitato. Con un matterello stenderlo dando la forma di un triangolo (base 40 cm circa, altezza 46 cm circa) e arrotolarlo dalla parte più lunga verso la punta ottenendo la classica forma a cornetto. Coprire con pellicola trasparente e far lievitare ancora fino al raddoppio del volume (2 ore circa).

4. Preriscaldare il forno a 200°C.

5. Togliere la pellicola trasparente, spennellare la superficie del cornetto con un po' di latte e cuocere in forno caldo per 25 minuti circa (200°C) (vedere consigli). Togliere con attenzione dal forno e lasciare raffreddare completamente.

6. Tagliare il cornetto a metà orizzontalmente, farcirlo a piacere con la crema gianduia o con la confettura del gusto preferito e spolverizzare con zucchero a velo.

7. Servire.

CONSIGLI

- Qualora l'impasto dovesse risultare troppo morbido o troppo duro, aggiungere farina o latte e impastare: **30 sec.** sino ad ottenere un impasto lavorabile.
- Se in cottura dovesse prendere troppo colore, coprire il cornetto con un foglio di alluminio.

 30 min   6 h   10 porzioni   facile   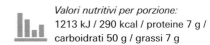

Valori nutritivi per porzione:
1213 kJ / 290 kcal / proteine 7 g /
carboidrati 50 g / grassi 7 g

Per un effetto wow che duri in eterno

Facebook, Instagram e Pinterest sono soltanto alcuni dei canali che puoi utilizzare per condividere la riuscita del tuo dessert e provocare l'acquolina in bocca ai tuoi follower.

A questo scopo è importante saper realizzare il giusto scatto. Per farlo servono poche e semplici regole. Seguile con attenzione e potrai dare vita a una cucina virtuale dove a bussare non saranno più soltanto parenti e amici, ma l'intera schiera dei tuoi seguaci.

IL PIANO DI LAVORO E L'INQUADRATURA

La prima cosa da fare per realizzare una bella foto della tua ricetta è evitare di fotografare tavole vuote o disordinate, stringendo il più possibile l'inquadratura sul piatto. Inoltre, come per tutte le cose, meno oggetti ci sono e meglio verrà la foto, quindi l'ideale sarebbe non sovraccaricare il set.

Per ottenere fotografie nitide, è buona regola tenere il telefono con due mani, proprio come se fosse una macchina fotografica. Questo ti aiuterà anche a scegliere l'inquadratura migliore tra le seguenti: la prima si realizza posizionando l'obiettivo sopra il cibo, facendo un primo piano o mostrando l'ambientazione dall'alto; la seconda inquadratura si ottiene posizionando l'obiettivo sopra il livello del piatto con un'angolazione laterale, in modo da includere un primo piano o una parte di sfondo.

Per evitare sgranature è sempre meglio non utilizzare lo zoom, ma avvicinarsi al soggetto lasciando che l'obiettivo del telefono si adatti automaticamente.

LUCI E COLORI

La luce naturale è quella più adatta per scattare una bella fotografia. Per questo è meglio non utilizzare il flash, in modo da non avere ombre troppo marcate e colori snaturati. Se però non è possibile avere la luce naturale il consiglio è di utilizzare un'illuminazione diffusa e non diretta.

Infine, sarebbe preferibile evitare i neon e le luci fredde in generale, scegliendo luci calde che esaltino la preparazione rendendola più naturale.

Anche la scelta dei colori è importante, a cominciare dalla tovaglia: quelle di colore neutro sono perfette per dare risalto al piatto, ma se si preferiscono le colorate, sarebbe consigliabile utilizzare quelle senza stampe, facendo attenzione al contrasto che creano con la ricetta.

Il piatto non deve mai essere dello stesso colore della pietanza. Quindi è sempre bene optare per colori in contrasto o complementari. Inoltre è da tenere a

mente che un piatto troppo colorato, o con delle trame eccessivamente complesse, distrae l'osservatore rendendo l'immagine poco efficace.

Un ultimo suggerimento riguarda i piani di appoggio: quelli bianchi aiutano a far risaltare le luci artificiali; i colori freddi esaltano gli alimenti marroni e beige, quelli caldi ravvivano le insalate. I colori brillanti, come il verde, il rosso e il bianco, funzionano bene per dare risalto al vostro piatto.

OCCHIO ALLA COMPOSIZIONE

Proprio come i fotografi professionisti, anche tu puoi aiutarti giocando con la regola dei terzi. Quest'ultima consiste nell'applicare un reticolato ideale all'inquadratura per dividerla in nove quadrati; in questo modo si fotografa il soggetto in corrispondenza delle linee o delle intersezioni del reticolato ottenendo un effetto più dinamico e portando lo spettatore a guardare esattamente nel punto di interesse che abbiamo indicato.

I MIEI APPUNTI

I MIEI APPUNTI

INDICE PER CAPITOLO

NEL VASSOIO E SUL PIATTO

I CLASSICI RIVISITATI

INDICE ALFABETICO

СПАСИБО · DANKE · DĚKUJI
DZIĘKUJEMY · ЕΥΧΑΡΙΣΤΩ
GRACIAS · GRAZIE · 谢谢 · MERCI
OBRIGADO · THANK YOU

STAMPA

Direttore del Progetto
Dott.ssa Alessandra Cattaneo,
Direttore Marketing Vorwerk Italia s.a.s.
Divisione Bimby®

Responsabile Editoriale
Dott.ssa Valentina Acquilino

Ricette di:
Archivio Vorwerk Italia s.a.s.

**Hanno collaborato alla realizzazione
di questo volume:**
i membri del Team Comunicazione ed
Editoria Vorwerk Italia s.a.s.

Dietista
Dott.ssa Marina Montorsi

Realizzazione Editoriale
The Brand Company - Parma, Italy

Realizzazioni Fotografiche
Archivio Vorwerk Italia s.a.s.

Fotolito e Stampa
Rotolito S.p.A. - Pioltello (MI)

Edizione
Prima edizione
Rev. 1.0 Luglio 2018

Editore
Vorwerk Italia s.a.s.

www.vorwerk.it

Prezzo: **35 €** (IVA inclusa)
ISBN: 978-88-85796-02-7